日本の小さな本屋さん

和氣正幸

X-Knowledge

はじめに

小さくても個性的な本屋は全国各地にたくさんある。有名店から知る人ぞ知る本屋まで。それぞれがそれぞれなりの世界を作り上げているような場所だ。

本好きが高じて生まれた店もあれば、地域の人が自宅と仕事場以外でホッとできる場所をつくりたくてはじまった店もある。地域で最古級の店があれば、地元に文化的な場所を取り戻すために若者がつくった店もある。なかには、深夜にだけ開く風変わりな店もある。一店一店が特別で唯一無二の存在だ。

本書では、全国、津々浦々にあるそんな23店の本屋を紹介する。一冊一冊の本やその並び、背表紙の手触り、流れるBGM、漂ってくる匂い。それらを楽しんでから、店主の話に耳を傾ける。あらためて店を眺めると、話を聴く前よりも空気の密度が上がった気がする。そうして、本を選び出すと何冊も気になる本がでてきて止まらなくなる。その時、その場所でしかできない体験をしている感覚。だから、本屋めぐりはやめられない。

それに、本屋にあるのは本だけではない。店主が本を通して来てくれる人に伝えたいもので溢れている。それは音楽かもしれないし、空間そのものかもしれない。漂う匂いもそうだろう。それらすべてが合わさって、その本屋を構成している。本屋はただ行くだけで、五感全てを楽しませてくれるのだ。

僕が感じたそんな興奮が少しでも読者に伝わればと思い本書を書いた。もしちょっとでも伝わっているならば、本書と一緒に本屋を旅してほしい。きっと、そこには素晴らしい出会いが待っているはずだ。

THIS IS
LIFE IS
TRAVEL
LIFE
南方熊楠全集
縄文式土器
LOU REED
利休形

もくじ

関東

中部

関西

中国

九州

掲載内容は2018年7月現在のものです。

写真 —— 砺波周平　デザイン —— 芝 晶子（文京図案室）　印刷 —— シナノ印刷

SNOW SHOVELING

BOOK NERDたちのサロン

「いらっしゃいませ」ではなく「こんにちは」

駒沢オリンピック公園からほど近いこの店は見つけにくい。パティスリーの入ったビルの駐車場の奥、昼間でも薄暗いなかにある階段を、勇気を出して昇らなければ入れないのだ。しかし、入ってみるとそこには別世界が広がる。元々、倉庫用だったというだだっ広い空間に、年季の入ったアンティークの机や本棚が並べられ、そこかしこに雑然と本が置かれている。暖炉や鹿の剥製まで飾られて、日本とは思えない空気感だ。分かりにくい入口も薄暗い階段も、すべてはこの空間のための序章だったかのように思わせる。

どうすればこんな空間をつくりえるのか。自ら手を動かして内装も手掛けた店主の中村秀一さんの経歴は異色だ。高校卒業後に「アメリカに行きたい」という思いだけで、行きつけだった古着屋のバイヤーの後について アメリカを訪れてから、世界中を旅したという。グラフィックデザインや映像制作など、さまざまな仕事をしたが、「自分の屋号で発信をしたい」と30歳で本屋になることを決意し、SNOW SHOVELINGをオープンした。「本屋になろうと思ってから、世界各地の本屋を訪れたりしているうちに気がつけば35歳になっていました」と中村さんは笑いながら話す。異国情緒がありながらも居心地の良いこの空間は、そうやって旅してきた世界中の街や店から影響を受けているのだ。

壁は一面の本棚だ。中村さんの考える「何度でも読みたくなる本」が並んでいる。主観的な物言いだが、だからこそ中村さんとフィーリングが合う人には、これ以上ない本棚になるだろう。中村さんがわざわざアメリカで買い付けてくる洋書も見ものだ。写真集やデザインの本など、センスのよいものばかりで掘り出しものを探したくなる。

奥にはゆったりとしたソファーがあり、ドネーション（寄付）制のコーヒーを飲みながら、黙々と本の世界に浸ることもできれば、たまたま隣り合った人と世間話に花を咲かせることもできる。中村さんと話し込んでいるお客さんも多く、まるでサロンのような雰囲気だ。中村さんが訪れたお客さんに言う言葉は「いらっしゃいませ」ではなく「こんにちは」。店主と客ではなく、人と人という関係性を大事にしているのだ。

2012年に開店してから6年目だが、いったいどうしたらこんな本屋を開き、続けていけるのだろう？「店をはじめるときに毎年大きな目標を2つ決めることにしたんです。2つとも実現できなかったら店を辞めるくらい真剣なものです。例えば、『本を出版する』だったり『ブッククラブをつくる』だったり」。ちなみに、2017年は全国の本屋に出店させてもらうことが目標のひとつだったという。「そうやって5年間、店を続けてきましたが実はこのやり方にも飽きてきました。だから、今後は目先を変えて店以外の空間でも何か仕掛けられればと思っています」。続けることは重要だが、続ければいいというものでもない。常に変化し続けるからこそお客さんも店主も、店のことを好きでい続けられるのかもしれない。

もしあなたが本にまつわるカルチャーが好きで、SNOW SHOVELINGを訪れたなら、それは忘れられない体験となるだろう。ここでは、本も、雑貨も、空間も、その全てがブックカルチャーの素晴らしさを心地よく表現しているのだから。

BOOK IS POWER!
THE IRUKA HOTEL

「BOOK NERD《本好き》」たちが集まる人と人との交差点

2

1

世界の空気を詰め込んだ
宝物で溢れる場所

4

3

5

1-4. 中村さんがいろいろなところで集めてきた、アンティークをひとつひとつ見ていくのも楽しい。「BOOK NERD」と書かれたオリジナルシャツなど、ブックカルチャーを広げるような雑貨もつくる。**5.**「知らない人同士が自然と会話するような空間をつくっている」と中村さん。店づくりで特に影響を受けたのはニューヨークにある「Three Lives & Company」「SPOONBILL & SUGARTOWN, BOOKSELLERS」「ACE HOTEL」の3つという。例えば、ソファー席はACE HOTELのラウンジを参考にした。

人生で本当に必要な10冊を見つけてほしい

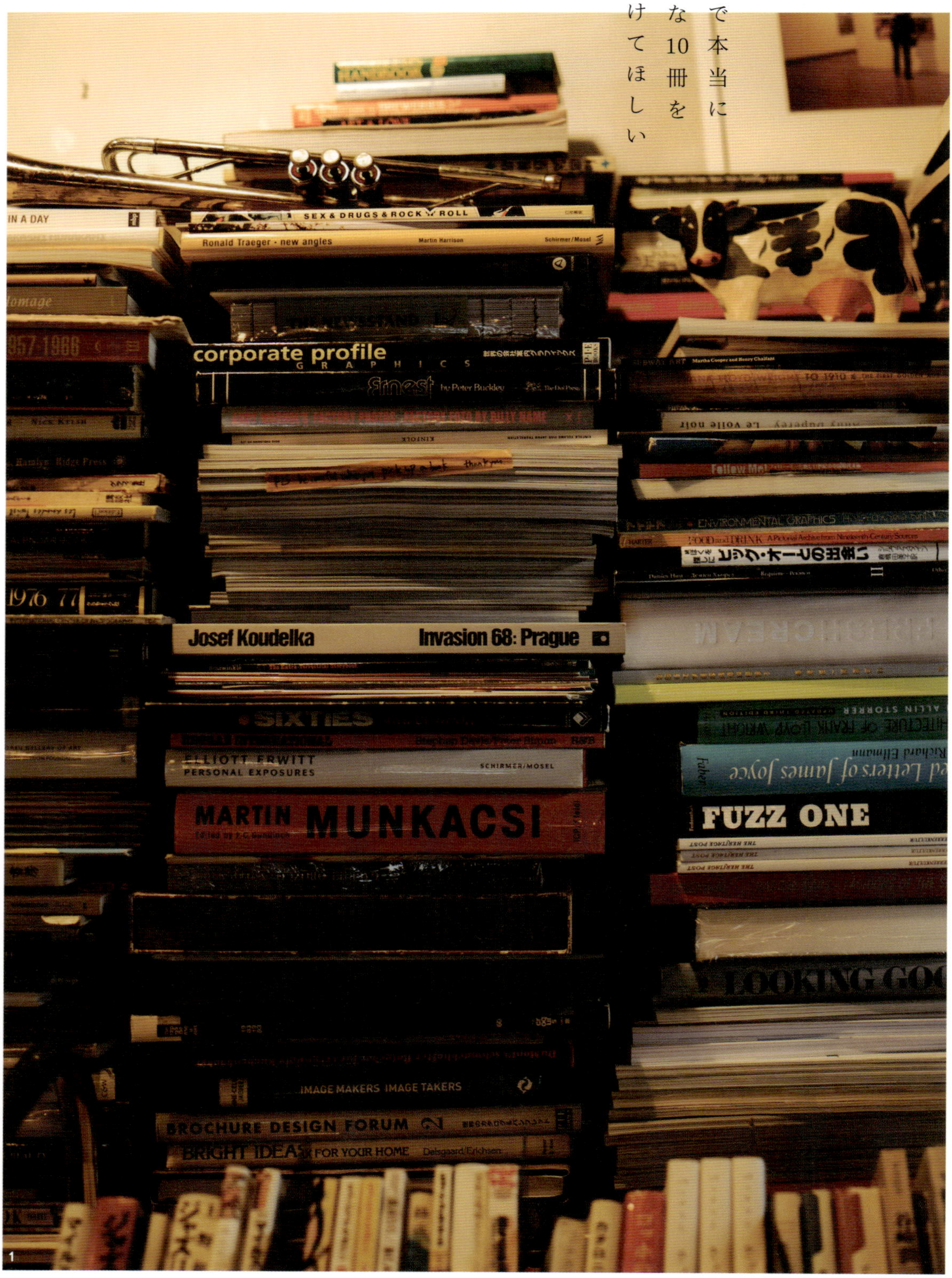

1

3

2

5

6

7

4

1-3. 洋書も多く、無国籍な品揃え。ほとんどが古本だが、一部新刊やリトルプレスなども置く。**4.** 建物の入り口には、看板と共にショベルが象徴的に立てかけられる。**5.** 店名は村上春樹の作中に出てくる言葉「文化的雪かき」から。村上春樹の本は新刊・既刊問わず揃う。**6.**「店にある本はどれもよい本です。書き込みなどの前の持ち主の痕跡も含めて、その本の歴史として楽しんでほしい」と中村さん。**7.** タイトルが隠され、その代わりに本にまつわる一節が書かれた「文庫本絵葉書」。大切な人に贈りたい。

［info］東京都世田谷区深沢4-35-7深沢ビル2F-C／東急田園都市線「駒沢大学」
または東急大井町線「等々力」駅から徒歩約20分バス停「深沢不動」より徒歩1分
tel 03-6432-3468／13:00〜19:00／火曜・水曜休み

ハナメガネ商会

思い出を売る

築100年以上の古民家に並ぶ 誰かの記憶に引っかかる本

益子焼をはじめ全国各地から選りすぐりの陶芸品が集まることで有名な栃木県の益子町。この街にあるハナメガネ商会は思い出の本を売る店だ。古民家の引き戸をガラガラと開けて、靴を脱いで入る。夏休みに帰る祖父母の家のような居心地のよい雰囲気に包まれてなかに入ると、並ぶのは、かつてどこかで見たことのあるような本。江戸川乱歩の少年探偵団シリーズや世界名作童話全集など、小さい頃に読んだ懐かしい背表紙がずらっと並ぶ。縁側からは季節の花々が見える素晴らしい景色だ。

ノスタルジーに包まれたこの店は、店主のマスダモモエさんが本の仕事との関わり方を見つめ続けてきた結果、生まれた店だ。小さい頃から本が大好きで、本に関わる仕事をしたいと九州から東京に出てきたマスダさんは、出版社に就職した。それから数年後、毎年開催されている不忍ブックストリートの一箱古本市に出会う。「それぞれの箱主が、こだわりの選書で小さい世界を築いている一箱古本市を見て『こんな世界があったのか』とショックを受けました。そこで、もしかしたら私がしたかった本との関わり方はこういうことだったんじゃないかと思いました」

それから古書店めぐりをはじめると同時に、一箱古本市にも出店するようになったマスダさんは、結婚を機に退職すると、「古本ヲトメ」をキーワードに思い出の本を売るウェブショップをはじめた。「子供のときに大好きだった本を、大人になってから懐かしくなって探していたのですが、そのときに、同じように思い出の本を探している方が多いことに気づいたんです。もしかしたらいま私の手元にある本も、誰かが探しているかもしれないと思いました」

そうやってウェブショップで投げかけてみると「ずっと探していた本が見つかった」といって喜んでくれるお客さんが多かったという。これがいまの店づくりの原点となった。「子どもの頃に読んでなんとなく覚えているけれど、タイトルまでは思い出せない。けど、表紙や挿絵を見たらすぐ分かるような、そんな本を揃えています」

ウェブショップが軌道に乗ってしばらく経ってから、益子に移住することになり、それをきっかけに開店した。何年かは自宅の一部を店にしていたが、本が増え手狭になってきた頃、そのことをお客さんに相談したら現在の店舗となる空き家を紹介され、その翌日に大家さんに連絡をしたという。その機会を得たら逃さない。そんな反射神経のよさは店づくりにも活かされている。「あまりこだわりを持たず、自分自身が硬くならないようにしています。計画を建てたり、こだわりを持ったりするよりも、やってくる出来事に対して、正面から受け止めて考えたほうが自分には向いていると思うんです。実店舗を持ってから6年経ちましたが、これからもいろいろと試行錯誤しながら、お客さんが喜んでくださるような品揃えをしていきたいです」

ハナメガネ商会には「いま」のための本は少ない。ここにあるのは過去だ。生活のために忙しない毎日を送っている我々がふと立ち止まりたくなるとき、この店は暖かく迎え入れてくれる。子ども時代のあの驚きや興奮や感傷を蘇らせてくれるだろう。そうして店を出るときにはささくれだった心がいつの間にか晴れ晴れとしている。そんな優しい店が益子にはある。

中学生作文集
KOSO
日本飛行機一〇〇選
日本軍艦一〇〇選
UFO海底基地説
味覚幻想
ふるさとの味
きのこ風土記
女の菓子
台所歳時記
味のコツ
荻舟食談
味の博物誌
料理人
Rococo

忘れていた記憶のなかから
あの日、あの時の思い出が蘇る

LET'S FIND OUT ABOUT
ANIMAL HOMES
2

1

月へいった宇宙飛行士
未来への九つの道
消えた大陸のなぞ
アマゾンに消えた探検隊
生命の神秘をさぐる
ぼくの村は戦場だった
スピードへの挑戦
アラスカ犬・死への挑戦
宇宙飛行70万キロ
This is San Francisco
PETIT MANOU
3

懐かしさを感じながら
緩やかな時間を過ごす

4

1.6. ハナメガネ商会は益子を100年以上見守ってきたこの古民家にある。ここを借りる決め手となった縁側を、マスダさんは箒で日々掃除する。春になると桃やムスカリ、ツツジなどの庭の花が順々に咲いていき、それは見事だという。2-3. お客さんから預かった本を綺麗にする作業は古本屋にとって大事な仕事だ。「どの本を棚に並べるときも、『この本が誰かの何かの記憶に引っかかる本かもしれない』という気持ちでいます」とマスダさん。4. 古本とともにこけしも置く。コレクターから買取の依頼を受けることも多く、「いつからか、自然とこけしが集まってくるようになった」という。5. 奥の部屋では、アーティストやテーマを決めて本を並べるなど、さまざまな展示を行う。このときは『サザエさん』シリーズを並べていた。

6

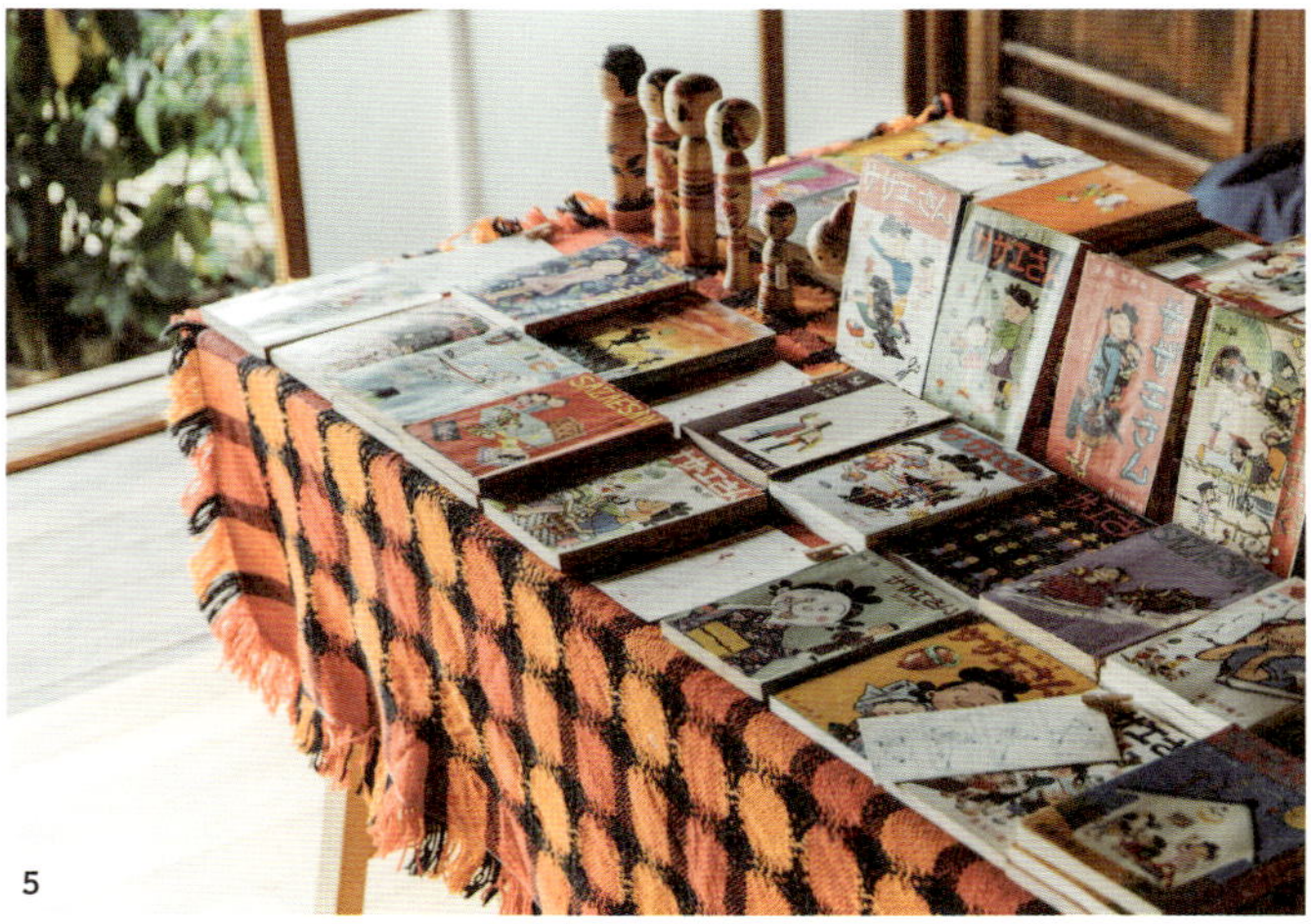
5

1

古民家のなかで
宝探しのように
思い出の本を見つけ出す

2

5

3

6

4

1-4. 古い絵本だけでなく、刺繍の指南書など女性のための実用書も多い。特に力を入れているのが児童書だ。絵本と比べて版を重ねるものが少なく、手に入りにくいものが多いという。**5.** 小学館の『ミニレディー百科』シリーズはマスダさんが「古本ヲトメ」をコンセプトにするキッカケとなった本。いまでも探しているお客さんが多い。**6.**「物をつくっている方たちの発想は刺激になる」と、雑貨を置くマスダさん。作家自身のユニークさが滲み出ているようなものを選んで並べる。

[info] 栃木県芳賀郡益子町益子1665／真岡鐵道線「益子」駅より徒歩約10分
tel 0285-77-5370／11:00〜17:00／水・木曜休み（その他不定期休み有り）

ROUTE BOOKS

オアシスのような本屋

化学反応みたいに
新しいことが生まれていってほしい

ＪＲ上野駅、入谷口を降りて国道４号線を渡る。不忍口や広小路口とは違い、比較的静かなこのエリアの路地裏にあるのがＲＯＵＴＥ ＢＯＯＫＳだ。サボテンや多肉植物など、緑に溢れた入口からなかに入ると、古いビルをリノベーションした無骨だが味のある空間が広がる。独特な風合いのテーブルや本棚と、そこかしこに配置された緑に本が絶妙にマッチしている。

運営するのは、住まいや店舗のリフォーム・リノベーションを手がける工務店・ＹＵＫＵＩＤＯだ。代表の丸野信次郎さんは元々、本屋を開く気はなかったのだという。以前の事務所が手狭になり、移転先を探していたところ見つけたのが、現店舗の目の前にあるビルだった。当初は１・２階のみを工務店の事務所として借りる予定だったが、上の階も空いていたため、ビル１棟すべてを借りることに決めた。上の階を何に使うか、いくつかの案があるなかで、本屋という形に落ち着いたのは、出会いや学ぶための場をつくりたかったからだ。英語や陶芸などの先生を招いて、さまざまなことを学び、仲間と出会う。先生が不在でも、ここに来れば本が先生になってくれる。そうやってはじまったＲＯＵＴＥ ＢＯＯＫＳだが、２０１７年に旧店舗の目の前にある現在の店舗に移転した。せっかくの歴史を感じさせるビルだからこそ、活かしたかったのだ。「もしマンションになったりしたら味気ないですからね」。いまでは２つのビルを合わせて「ＲＯＵＴＥ ＣＯＭＭＯＮ」と呼んでいる。２棟のビルが合わさって、１つの世界をつくり上げていることを示しているのだ。このなかには本屋だけでなくグリーンショップもあれば、ギャラリーも誰でも利用できる工房もある。今後はパン屋も開くという。「それぞれの目的でここに来てくれたお客さんどうしが出会い、それによって化学反応みたいに新しいことが生まれていってほしい」そんな思いが込められている。

出会いの場であるＲＯＵＴＥ ＢＯＯＫＳだが、もう１つのテーマに「産地直送」がある。例えば、店内の机や本棚は目の前の工房でつくられたものだし、売られている野菜も農家から直に仕入れている。本でいえば、地方の小さい出版社の本やリトルプレスを直接、作家や出版社に連絡して並べている。自分たちが本当によいと思えるものを置いているのだ。「僕らは工務店です。工務店がなぜ本屋をやるのかと思う方もいるでしょう。ビジネスとして考えたらシェアオフィスにしたほうが儲かると思います。でもそうしなかったのは、本やカフェや展示に惹かれて集まった方がこの場所を気に入って、結果として工務店のお客さんになってくれればいいなと。そんなＹＵＫＵＩＤＯコミュニティのようなものをつくれたらと思っています」

ＲＯＵＴＥ ＢＯＯＫＳに来て一番に感じることは自由であることだ。元々、本屋や出版とは関係のない丸野さんだからこそ業界の慣習や常識に縛られない試みができる。湿気が大敵の本と一緒に緑を置くことなど通常の本屋では考えにくいようなこともチャレンジする。本屋であることに縛られないからこそ本が活きてくる。かと言って粗雑なわけではない。全てに自分たちの芯が通っている。だからこそ、人が集まってくるのだ。ＲＯＵＴＥ ＢＯＯＫＳは上野に生まれたオアシスのような本屋だ。

PHILADEL

本も緑もここにあるのは
生活必需品ではないけれど
暮らしを豊かにしてくれるものばかり

1.店内は丸野さんの工務店YUKUIDOが手掛けた。丸野さんもこの居心地のよい店内で仕事をすることもあるという。2.上野の下町情緒が残る路地裏にある。3.一見、本屋には見えないけれど期待感が膨らむ外観。4.店内のテーブルや椅子はほとんどがスタッフの手づくり。2階に行けば、同じスタッフがつくった家具を購入できる。5.コーヒーは東京・清澄白河にあるARISE COFFEEから仕入れた豆を使用。納得できる味を見つけるまで10kgもの試飲をしたというこだわりのコーヒー。

3

2

4

上野の路地裏
緑に囲まれて
ゆっくりと本を選ぶ

1

5

1

2

本当によいものを
産地直送で

3

4

1-3. デザインやアート、暮らしの本が並ぶ。テーマは「ROUTE BOOKSっぽい本」。ベストセラーなどのオーソドックスな本ではなく、テーマがニッチだったり、つくりが丁寧だったりする本を並べる。**4.** 同じ建物内にはグリーンショップもある。ここの植物はもちろん、書店スペース内のものも購入できる。**5.** 作家と直接やり取りをして、うつわの展示も行う。書店スペースと同じ建物内にギャラリーもあり、そちらと連動した企画も開催。**6.** 食の本の横に並ぶ産地直送の野菜。

6

5

[info] 東京都台東区東上野4-14-3 Route Common 1F／JR「上野」駅から徒歩3分
tel 03-5830-2666／12:00〜21:00

Readin' Writin'

浅草に生まれた21世紀のコーヒー・ハウス

人が集まるために
面白いことを起こし続ける

いまや海外からの観光客も多い浅草。賑やかな界隈を離れて少し歩くと、下町情緒が溢れる落ち着いた地域が現れる。東京メトロ田原町駅のほど近く、大通りから一本入った静かな場所に2017年、新しい本屋ができた。Readin' Writin' は元新聞論説委員の落合博さんが第二の人生としてはじめた店だ。

Readin' Writin' のある建物は元材木倉庫だ。天井が高く開放感は抜群。壁沿いの備え付け本棚には身長より高い場所まで本が飾られている。圧巻の光景だが、この空間との出会いは偶然によるものだった。

ここを借りる直前まで、田原町の違う物件にするつもりだった落合さん。いよいよ契約になる数日前に周辺を散歩して入った喫茶店の店主に「今度、本屋を開く」と話したところ、この物件を紹介してくれたという。条件も以前の物件よりよく、何より高い天井と改装前から中2階があった空間に魅了されて即決。「賃貸物件と書いていなかったので、あのとき喫茶店の店主と話していなければ、いまのReadin' Writin' はありませんでしたね」。落合さんの行動力が幸運を引き寄せたのかもしれない。

本棚に並ぶのはこの先5年10年と残っていくだろう本だ。東京や浅草・演芸・遊郭など土地に紐付いた本や、子ども連れのお客さんが多いことから子育てや女性の生き方に関する本が多い。取材やライティングについての本が多いのはそれが落合さんのルーツだからだ。「統一性がないようですが共通して重視しているのは本の佇まいです。それに加えて著者やテーマ。それらのバランスを考えて、この先、ずっと残り続けていく本を並べています」

小さい店で商売をしていくことを考え続けている落合さんは、本屋で食べていくために工夫をこらしている。本を売る以外にもビールやコーヒーを出したり、棚の一部をレンタルしたり、他の店ではやれないようなイベントをしたりと、さまざまな仕掛けをしている。「特にライティングの個人レッスンは元記者の僕じゃないとできない強みだと思っています」。店名も本を売るだけでなく、文章を書くことも大切にしたいという気持ちから生まれたものだ。

そんな落合さんが目指しているのは、17世紀半ばから18世紀にかけてロンドンで流行した「コーヒー・ハウス」。貴族や政治家、商人、文学者、ジャーナリストなどが集い、情報を交換する場所だ。落合さんは21世紀のコーヒー・ハウスをここでつくろうとしているのだ。「写真家やアーティストなど、お店に関わってくださった方やお客さんを繋げることで、いまでも新しいことが生まれています。そういうことをもっとやっていきたいんです。でも、人が集まるためにはReadin' Writin' に行ったら何か面白いことが起こると思ってもらわなければいけません。そのためにはこちらからたくさんのことを仕掛けているんです。すると、逆に『こんなことはできないか』とお誘いを受けることもあります。止まらずに動き続けているからこそ次に進める。ずっとジタバタしている感じです」

たとえ成功しても留まらない。常に走りながら考え行動し続ける落合さんは、子どものように活き活きとしている。お客さんや展示をしてくれるアーティストなど関わる人を巻き込みながら、Readin' Writin' は進化し続ける。

いろいろな人が集まり
新しいことが生まれる

1. ガラス張りの入り口にエンジ色の扉を抜けると本に囲まれた異空間が迎えてくれる。**2.** 階段を上がった2階はレンタル棚のコーナー。ワークショップを行うこともある。畳に座りながらのんびり本を選べる。

1

2

文字を読むこと、書くことに
真摯に向き合おうと思わせる
そんな本たちが並ぶ

3

4

1-3. 内装は落合さんが記者時代に知り合った一級建築士の白井宏昌さんに頼んだ。大学の教員でもある白井さんと研究室の学生たちでつくり上げたという。「壁に付けた棚板の幅はすべて違う寸法なのですが、150枚ほどあるこの棚板も全て、彼らが切り出してくれました」と落合さん。**4.** イラストレーターの竹田明日香さんの作品を使用したReadin' Writin'のポスター。店内で買うこともできる。英語の意味は「私の知らない世界」。**5-6.** 可動式の本棚は、東京・荻窪にあるTitleの本棚をつくった家具職人に頼むなど、開店前に訪れた他店を参考にした部分も多い。

6

5

［info］東京都台東区寿2-4-7／東京メトロ銀座線「田原町」駅より徒歩２分
tel 03-6321-7798／12:00〜18:00／月曜休み

Cat's Meow Books

猫と本が助け合う本屋

本と猫への恩返しをかたちにして
本への入口をつくる

渋谷から電車で2駅の三軒茶屋駅。都会と下町が混ざり合うこの駅を降りて、8分ほど歩く。飲食街の喧噪が遠くなった閑静な住宅街のなかに、猫と助け合う本屋Cat's Meow Booksはある。

店内に並ぶのは、すべて猫の本だ。ただCat's Meow Booksは猫の本専門店であると同時に、猫のいる店でもある。店内奥の引き戸を開けると、4匹の店員猫が出迎えてくれるのだ。どの子も人懐っこく、本を選んでいると足に絡みついてくる。癒しのひと時だ。猫の本でコーナーをつくったり、フェアを展開したりする店は多いが、猫の本しか置いていないうえ、本物の猫がいる本屋は珍しい。

このような形にしたのは、店主の安村正也さんがいまも飼っている店長猫・三郎との出会いからだ。「以前住んでいたアパートの庭先で野良猫が3匹の子猫を生んだのですが、まだ生まれたばかりなのに、母猫がいなくなってしまったんです。どうにかしようにも、アパートはペット禁止だったので飼うこともできない。何とか1匹だけは保護できましたが、2匹は死なせてしまいました。悔やんでも悔やみきれず、本屋をやろうと考えたときに、彼らのような猫たちを助けられる場所にしようと思ったんです」。安村さんは5匹の猫の世話をしながら、平日の昼間は会社員・夜は本屋（昼は奥さんが店番）、土日は昼も店先に立つ。並大抵の気持ちではできないだろうが、そこには猫への深い愛があるのだ。

もちろん本への愛も強い。幼いころから「本だけはどんどん買っていい」という親の元で育った安村さんは根っからの本好き。本屋に行くたびに本を買い、ついには当時の実家の床を抜いてしまうほどだった。ただ、本屋を志すようになったのはつい最近だという。きっかけは7年前に参加したビブリオバトル。一冊の本を、情熱をこめて紹介することに熱中し、多くのバトルに参加していくうちに、もっとたくさんの本を紹介できる本屋を開こうと思うようになった。だが、出版業界のことは何も分からない。そこで各地の本屋や本屋に関する講座に参加した。ところが、調べれば調べるほど出版業界は厳しい。「そんなときだからこそ、自分を支えてくれた本と猫に、恩返ししたいと思いました。苦しい状況にある本屋と困っている猫が助け合うような本屋にしようと思ったんです」

だが、これからは本好きにだけ訴えるような活動では続けていけない。Cat's Meow Booksでは猫をキーワードに本を集めているが、猫の出てくる写真集やタイトルに猫が入っているなど、分かりやすい猫本だけではないのは、それが理由だ。一行でも猫が出てくれば猫本として考える。例えば、猫のいる店として来たお客さんが「猫が出てくるなら……」とその本を手に取る。そうやって、普段はあまり本を読まないような人にも、本を読むきっかけをつくっているのだ。本好きの人でも、猫が出てくるならと知らない作家の本を手に取って、そこから読書の幅が広がるかもしれない。「本への入り口のような店になれれば、と思ってます」

猫がいるスペースではコーヒーやビールを飲むこともできる。陽だまりでまどろむ猫と一緒に本をゆっくりと選ぶ。本と猫への深い愛に包まれてCat's Meow Booksは今日も開店する。

Masuko Takahashi
猫との共存・三輪秀彦
動物文化史事典
ぼくらはそれでも肉を食う
動物の性生活
どうぶつ自慢
猫の贈り物
吾輩はウツである

窓辺でまどろんだり
じゃれあったり
自由な猫たちと共に過ごす
穏やかなひととき

知らなかった猫の本
猫が登場する意外な本
新たな発見がまっている

1.店員猫は、しっかり者のチョボ六（キジシロのメス）、甘えん坊のさつき（黒のメス）、人懐こい読太（キジトラのメス）、おとなしめの鈴（キジトラのメス）の4匹。2.5-6.店内手前のスペースは表紙に猫が大きく使われている本が多く、それだけでも癒やされる。3.ロゴマークは安村さんの開業を後押ししたナカムラクニオさんがデザイン。4.店内は引き戸を境に、新刊とレジのある手前のスペースと、古本がメインで猫が戯れる奥のスペースに分かれている。引き戸の向こうではビールやコーヒーを楽しむこともできる。

4

6

5

[info] 東京都世田谷区若林1-6-15／東急田園都市線「三軒茶屋」駅から徒歩約８分、または東急世田谷線「西太子堂」駅から徒歩１分／tel 03-6326-3633／14:00～22:00／火曜休み。

栞日

その街に住む理由となる店

誰もが自由に過ごせる場所をつくろうと思ったら たまたま本屋さんだった

松本駅から国道143号線を東に歩いて10分。観光地でもある松本には旅の拠点にしたい本屋、栞日がある。ただ、栞日をひと言で表すのは難しい。本屋だがZINEやリトルプレスと呼ばれる個人出版物ばかりで普通の本屋で売っているような本はあまり置いていない。それに活版印刷機だってある。いったい栞日とは何なのだろうか。

店主の菊地徹さんが栞日を開店した経緯は意外なものだ。「本屋じゃなくてもよかったんです。学生時代にカフェで働いていたときのことです。お客様にコーヒーを出して、何かしらのポジティブな効果があって、その対価としてお金をもらう。この一連の流れのなかには、一切の不幸がないと思ったんです。それから地域の人が家と仕事場以外でホッとできるような場所を作りたいと漠然と考えるようになりました」

そんな思いを抱えながら、大学卒業後は松本にある旅館で働いた。その後、軽井沢にあるベーカリーで修業するが、また松本に戻って店を開くことになった。「学生時代に自分の店を持ちたいと思ってからは、行ける範囲でいろいろな街や店をまわってきましたが、ここでやりたいと思えるほどの場所はありませんでした。就職のときもの場所にこだわりはなかったのですが、たまたまはじめの就職先だった松本が住みやすくて、この街で暮らしながら店をやりたいと思えたんです」

ところが、いざ店をはじめようと街を見渡したところ、松本にはすでに魅力的な店がたくさんあった。「そんな松本で新しく始めるとしたら何をやればいいか。それに、続けていくには自分の好きなことじゃないといけないと思いました。そう考えたときに、自分の傍らには常に本があることに気づいたんです。それも、ZINEやリトルプレスばかり」。松本には昔ながらの古本屋や新刊書店はあるが、個人でセレクトした本を売る店がなかったことも背中を押し、ZINEやリトルプレスとコーヒーを出す現在のスタイルへ行き着いた。

2013年にオープンした旧店舗はギャラリーとしても使用していたが、そこで展示をしてもらった人から、ある日「活版印刷機を引き取ってくれないか?」と声を掛けられた。しかもプラテンT型という工場で使うような大型のものだ。二つ返事で譲り受けたいと言ったものの、店には入らない。そこで、現在の店舗に移転することになった。

現店舗は旧店舗と比べると格段に広く、席数も多ければ、並べられた本の冊数も多い。全面ガラス張りの入り口からなかを見ると、一見カフェのように思ってしまうが、2階に行くと壁一面の本棚が待ち構えている。明るすぎない適度な配置の窓から差し込む自然光が気持ちよい。そうやって棚を見ているといつのまにか時間が経ってしまう。何冊か手に取って一階まで降りてみよう。「小さい声、小さい規模の本にこそ真実がある」と語る菊地さんが、本の背景やストーリーを話してくれる。本への愛が詰まった場所だ。

松本という街は魅力的だ。近所に美術館や市民芸術館などもあり、文化的な成熟度が高い。美味しい飲食店も多く、車を走らせれば温泉もある。栞日は旅の拠点であり、もしかしたら移住への扉でもあるかもしれない。栞日があるから松本に住もう。そう思わせるほどの魅力がこの本屋にはある。

活版印刷機も
ギャラリーも
すべては偶然だった

1

1. 空間をつくったのは、デザインユニット「medicala」。タンスや林檎箱などの古材を利用した本棚のある、味わい深い空間。**2.4.** 2階の一部はギャラリーに。『山の家 クヌルプ』（エクリ）がテーマの展示など、さまざまな展示を行う。**3.** 移転のきっかけとなった活版印刷機「プラテンT型」は、店外からも見える位置に鎮座。小型の活版印刷機や鉛でできた活字も置かれる。「今後はワークショップなど活版印刷機を使った企画を仕掛けていきたい」と菊地さん。

HEIDELBERG
ORIGINAL HEIDELBERG
3

2

4

城下町にそびえる
本の城で過ごす
格別な日

Taipei Post

1

1-2. 菊地さんと奥さんの希美さんが出会ったのは、勤めていた松本市の老舗旅館・明神館。希美さんが、身体に優しい食べものを提供してくれる。**3.** 店名は「栞の日。流れ続ける毎日に、そっと栞を差す日のこと。あってもなくてもよいけれど、あったら嬉しい日々の句読点」という意味を込めて。**4-7.** ZINEやリトルプレスは東日本大震災後に増えたという。発祥の地・アメリカのZINEは「作りたい」という衝動で作られているものが多いのに対して、日本のZINEは「表現しないとかき消される」という切実な思いから生まれたものが多いという。

3

2

小さい声、
小さい規模の
本にこそ
真実がある

6

4

7

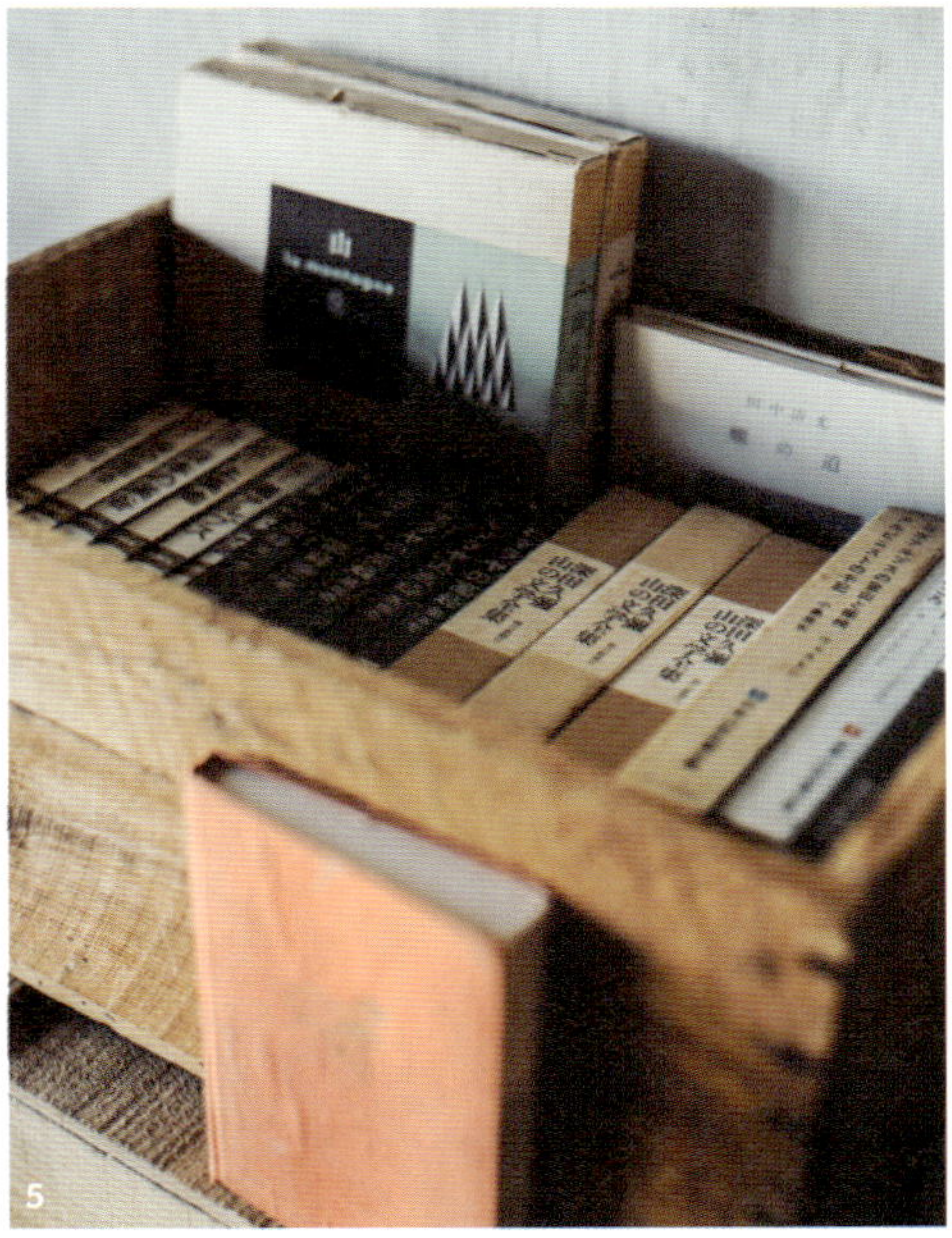
5

［info］長野県松本市深志3-7-8／JR「松本」駅から徒歩約10分／tel 0263-50-5967
7:00〜20:00／水曜休み、臨時休業有り

BOOKS & CAFE

NABO

街と人と寄り添う

本を通じて、人が集まり
出会い、何かがうまれる

長野県上田市。２０１６年に放送されたＮＨＫ大河ドラマ『真田丸』の舞台でもあるこの地に、人々が自然と集まる場所がある。上田駅からほど近い、かつては北国街道と呼ばれた旧道沿いにある「ＢＯＯＫＳ＆ＣＡＦＥ ＮＡＢＯ《ネイボ》」だ。古民家を利用したブックカフェである。建物は元々、紙問屋で、そこから文具屋、北欧家具の店と変遷を辿ってきたこの空間には、歩んできた歴史がもたらす深みのようなものが漂う。通りに面する壁は一面のガラス戸なので、自然光が燦々と降り注ぎ、ゆったりと配置された席や高い天井と相まって開放的な雰囲気をつくり出している。

本棚にはインターネットでの古本の売買を中心に寄付事業も行う運営会社「バリューブックス」の在庫２００万冊から、選りすぐりの本が並べられている。選書を担当している小野村美郷さんによると「読むことで暮らしがちょっと変わるような本」を置いているという。「ＮＡＢＯに入ったときの自分と、ＮＡＢＯで本を読んだり買ったりして、店から出るときの自分がほんの少し違っているような、そんな本を並べるようにしています」。暮らしや食、アート、文学、それから絵本といったいくつかのジャンルで棚は展開しているが、棚の本は小野村さんが毎日少しずつ手をかけて変えている。そのおかげで、新鮮な本との出会いを毎日楽しめるというわけだ。

イベントを毎日開催しているのもＮＡＢＯの魅力のひとつだ。編み物教室やライブイベント、お食事会、なかには移住者向けに上田市の美味しい店を薦め合うイベントもある。特徴的なのが開催するイベントは、お客さんが提案してきた企画がほとんどだということ。そのためなのか、イベント中に友だちになる人がとても多いのだという。

店名の「ＮＡＢＯ」は、デンマーク語で「隣人」という意味だ。バリューブックスの拠点であるこの街で、街と人の隣に寄り添う本屋でありたいという思いを込めて、日々お店を開けているのだという。「開店してから3年が経ちましたが、地元のお客さんやわざわざ遠方から訪ねてくる方も増えてきました。ＮＡＢＯのよいところは何と言っても居心地のよさです。カフェもあるのでお客さんと店員、さらにはお客さん同士のコミュニケーションも自然と生まれています。もちろん、お喋りしないで読書したり、ボーッとしたりなど、自由に過ごしている方もいらっしゃいます。そうやってお客さんが思い思いに過ごしている店の風景がとても好きで、休みの日でも店に来てしまうほどです」と穏やかに小野村さんは話す。

ＮＡＢＯは従来の本屋像とは全く違う。確かに本は売っているが、カフェとしての面も大きい。それでも、本を媒介にして人が集まり、出会い、何かが生まれていく。実際にＮＡＢＯでのイベントをきっかけにして、ＺＩＮＥなどの本が生まれたこともあったそうだ。「サロンと表現するのは言い過ぎかもしれません。ＮＡＢＯはもっと自由で誰でも入りやすい、公民館や集会所のような場所だと思うんです」

もしあなたが、上田に旅する機会があるのなら、あるいは上田に住むことになったなら、ＮＡＢＯには行くべきだろう。そこには明日の隣人となる人がいるかもしれないから。

古民家の歩んできた
深みのある空間に
選りすぐりの本が並ぶ

2

3

1

1-3. お店の2階はロフトのような空間になっていて、吹抜けから1階を見下ろすことが出来る。梁に沿うようにオリジナルでつくられた壁一面の本棚は一見の価値あり。「脳と私と意識」や「人類とは」、「日本の小説家」といった標示を目印に楽しく本を探せる。2階にはほかにも音楽や映画、旅の本などがある。

1-2. 1階にある本は暮らしに関する本が多い。「装いを楽しむ」「生活を整える」「DIYする」といった独自のジャンル分けが特徴。ただし、棚や本のレイアウトは常に変わっているという。**3.** パートナーシップを組んだ出版社の古本が売れたときに利益を還元する仕組みをつくり、その出版社の本を販売している。**4.**「本を販売したその先に出会いたい」という思いからNABOは生まれた。**5-6.** 紙問屋時代の看板をそのまま活かした外観。店内へは正面ではなく脇から奥に入らなければいけないのでお間違いなく。**7-9.** コーヒーだけでなくスープやパン、ケーキも販売する。おやつの時間に一服するのにちょうどよい。毎日開催のイベントはカウンター前に掲示されているので、気になったものをチェックできる。

おしゃべりをしたり
本を選んだり
思い思いの時間を
過ごす場所

5

6

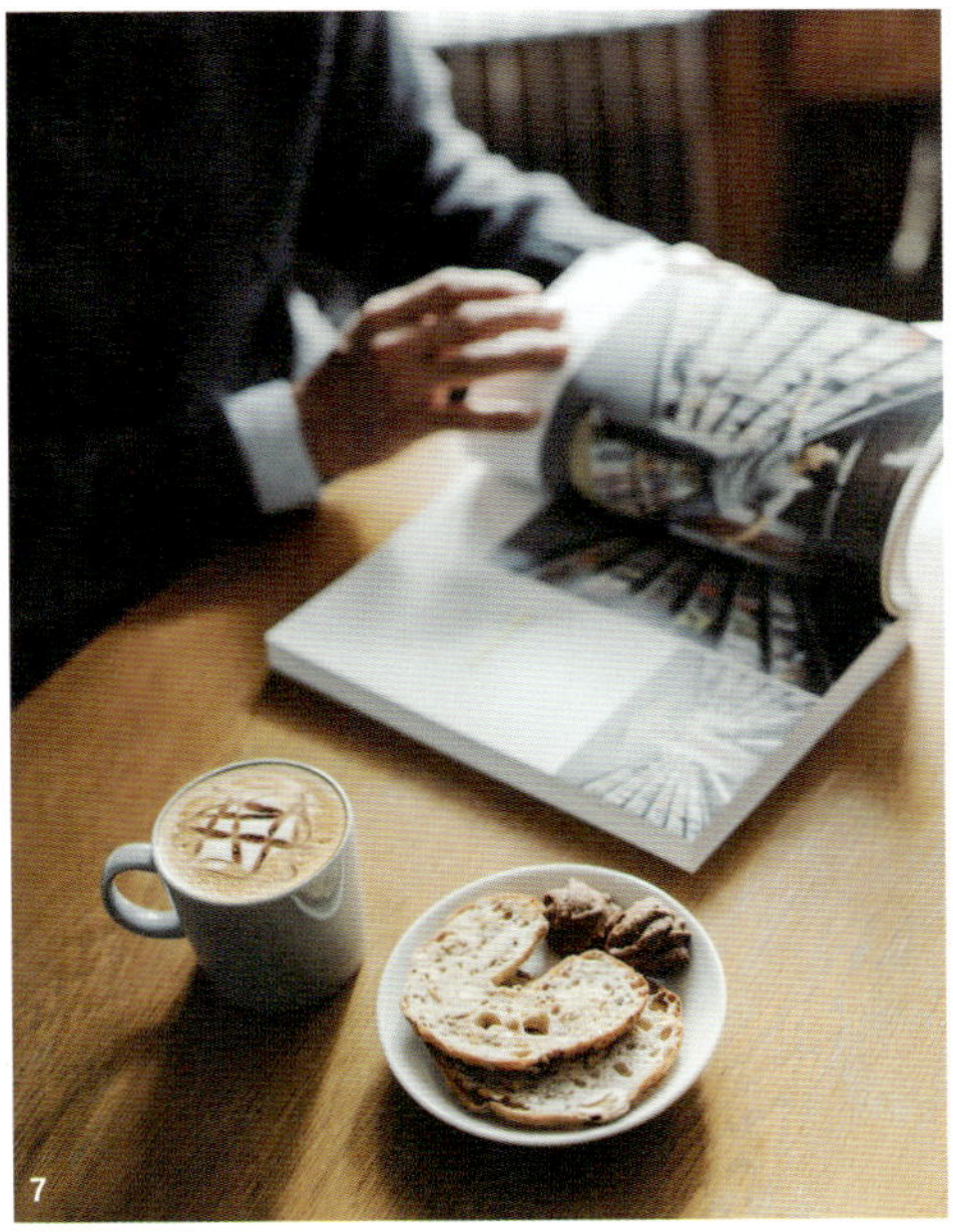
7

8

9

[info] 長野県上田市中央2-14-31／JR「上田」駅から徒歩約8分
tel 0268-75-8935／10：00～21：00／火曜休み

コトバヤ

つくる人による本屋

あくまでも自然体に
肩ひじ張らず本屋を続けていく

コトバヤはつくる人がはじめた本屋だ。店主の高橋さとみさんは高校卒業後、地元である長野を離れ、東京でペイントや引越などのアルバイトを転々としていた。そのときから「つくること」が好きで、手づくりのアクセサリーをイベンドに出店したり、売ったりしていた。店のある長野県上田市には東京で働いているときも何度も帰ってきていて、その頃から、いつか独立して何かのお店を開こうと思っていたという。

転機は2010年に訪れる。高校時代の恩師から「長野に戻って仕事をしないか?」と連絡が来たのだ。1週間で決断しなければいけなかったが、迷わず行くことにした。長野に帰ってみると、「上田を拠点に古本の買取・販売を行うバリューブックスとブックカフェをつくるから、立ち上げからやってほしい」ということだった。しかも、このバリューブックスの取締役の一人が高校時代の同級生で、東京時代も仲良くしていた友人だったのだ。「面白そうだ」と思ってやってみることにした。コトバヤの前身、「ことば屋」の誕生である。経営こそバリューブックスが行っていたが、店舗運営はすべて任されている状態で5年間、店を続けた。

その後、近所にバリューブックスが運営するBOOKS&CAFE NABOができたこともあり、ことば屋は閉店することとなったが、高橋さんは屋号をそのまま引き継ぐことになり、コトバヤとして2016年4月、現在の場所に移転した。「バリューブックスはじめ、多くの方の力があって生まれた店だったので、続けていきたいと思ったんです。それに、ことば屋を始める以前から独立したいという思いはありましたから」。屋号を引き継いだのは、「5年間使い続けてきたこと」と「本は言葉でできているから」だ。

コトバヤは店主の高橋さんそのものだ。自分の感覚を信じ、タイミングや縁があったとはいえ、躊躇せずに飛び込む行動力もすごいが、それでいて、変に力が入っているわけでもなく、あくまでも自然体で他者に対して開かれている。だからこそ「高橋さんになら……」といって、声をかけられたのだろう。移転した現在の店も、近所の人からの紹介だった。そうやって出会ったチャンスをコトバヤとして、自らがつくったもので、他に代わりのない存在に変えていく。高橋さんは自らの手を動かし、つくる人なのだ。単純な「丁寧」や「自由」といった形容詞では表せない、高橋さん独自の手づくり感が現在の店にも表れている。

店内に並べられているのは古本が主だが、自作の消しゴムハンコや手づくり雑貨、お客さんが持込してくるものも多い。ときにはパクチーが売られていることもあったそうだ。一歩間違えば雑然としてしまいそうな品揃えが、魅力的に見えるのは、空間の力も大きい。知り合いの大工と協力して高橋さんが内装まで手づくりした空間だ。店内の一部はカフェになっていて自家製のケーキも出している。レジ横の階段を昇ると2階には事務所兼コミックコーナー。半分は友人・知人限定の宿にもしている。気が合えば出会ったばかりの人を泊めることもあるのだという。いかにも高橋さんらしい自由さだ。

コトバヤはつくる人が開いた本屋だ。身軽に物事をつくってきた彼女が醸し出す空気は他の何者にも代えがたい。

戸を開けてなかに入ると
本も雑貨も人も
温かく迎え入れてくれる

2

1

3

4

1-4. 店舗は昔ながらの町並みが残る、柳町通りにある古い家をリノベーションした。絵本や児童書、暮らしの本などの本が並ぶ。なかにはサントリーのPR誌『whisky voice』など珍しい品もあって、ついつい夢中になって本を探してしまう。

1

自由で、それでいて
ひとつひとつ丁寧に
つくりだされたもの
たちで溢れる

2

1. お客さんの持ち込むものなかには、アクリルたわしや折り紙など、古本屋らしからぬものもある。**2-4.** 消しゴムはんこ作家としての一面もある高橋さん。店を開けているときでも、活き活きとした目をしながらハンコをつくる。店内には季節で中身が変わる消しゴムはんこガチャも。大正時代から続く老舗映画館「上田映劇」では、チケットを買うと作品を捺してもらえる。味わいあるタッチの消しゴムはんこは人気で、これを目当てに通う人もいるそう。

4

3

［info］長野県上田市中央4丁目8-5／JR「上田」駅から徒歩約15分／12:00〜18:00／不定休

遊歴書房

7坪に広がる世界

本屋のなかで旅をして
本のなかでも旅をして

ある若者が、若さの赴くまま諸国を旅していた。あるとき、旅先で怪我をして入院することになった。病院のベッドではじめて手に取ったその国の本は、旅していただけでは分からなかったその土地のことを、何よりも教えてくれた。今から20年ほど前、ネパールでのことだ。

人生の転機となるような瞬間がある。それは往々にして偶然に過ぎない。遊歴書房の店主、宮島悠太さんにとってのそれは高校卒業後の旅先ネパールで訪れた。

このときの経験が遠因となって知の世界に興味を持ちはじめた宮島さんは、研究者を目指したり、書店員になったりとさまざまな経験をしながら古本屋に行き着いた。2011年のことだ。

遊歴書房は「諸国を遊歴し、歴史を遊ぶ」がテーマの本屋だ。長野県長野市、日本を代表する寺・善行寺の参道から、少し奥に入った場所にある元ビニール工場をリノベーションした建物は、天井も高く、壁で分けられてはいるもののとにかく広い。そんな建物のひと部屋にある店だ。扉を開けてなかに入ると、まず目に入るのは中央の地球儀。そして、それを取り囲むように天井まで届く本棚があり、圧倒される。「地球儀のなかにいるような気持ちになれる空間にした」と宮島さんは語る。

その思いの意味は本棚を見ればよくわかる。台湾、中国、インド、イギリス、アメリカなど世界中の国にまつわる本が、地域と国ごとにぎっしりと並ぶ。まさに本で旅する空間だ。見ているだけで引き込まれる棚だが、宮島さんは一世を風靡した伝説の書店員が師匠だという。「大学卒業後に書店員として7、8年働きました。そのときの師匠が80年代の池袋リブロを本好きにとっての聖地のような場所にした書店員、今泉正光さんでした。ある本の隣にどの本を置くのか。どうやって魅力的な棚にするのか。今でいう文脈棚のようなものですね。その技術を徹底的に叩き込まれました。遊歴書房は新刊書店ではないので、当時のままというわけにはいきませんが、そのときの経験がどこかに息づいているのかもしれません」

本棚には人文書や海外文学が多いが、一方でコミックや文庫・新書など、読みやすい本もしっかり置いてある。「本を手に取るきっかけになるような店であればと思っています。たまたま入ってきた人が手に取りやすい本も置いてあるのはそのためです。古本屋なので古書価が高いものを置けばいいと思われるかもしれませんが、僕はそうは思わない。アマゾンで1円で買えるようなものでも、素敵な本はたくさんあります。ここでそういう本と出会ってほしいと思っています」

さらによく見ると、棚のなかには箱に入った専門書も混ざっているのがさすがだ。「読みやすい本を置く一方で、研究者の方の期待に応えられるような品ぞろえも目指しています。街の本屋であると同時に専門家のニーズにも応えられるような店でありたいですね」

旅をテーマにした本屋は日本にいくつかあるが、遊歴書房はそのどれとも違う。それは店の目的が、旅をしてほしいということではないからだろう。旅は遊歴書房のなかにいればできるのだ。店にいながらにして、世界中どんなところにだって行ける。ここには世界が詰まっている。

信州学大全
RURIKO
日本滝名鑑
4000
現代思想
帝国の昭和

その土地のことを
何よりも
教えてくれるのは
本だった

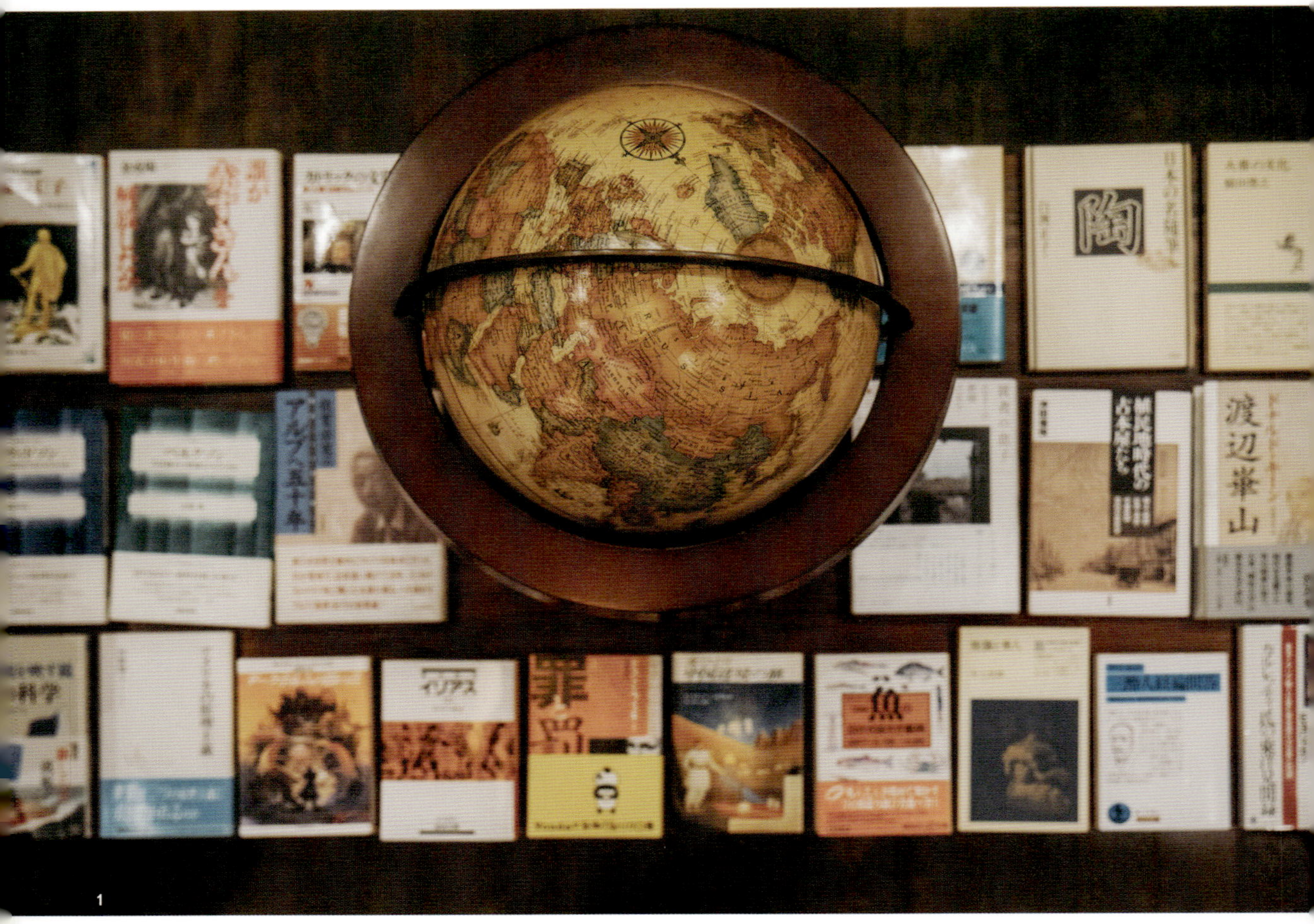
陶
渡辺崋山
アルプス五十年
イリアス
魚

1

中山義平
井吉見
安曇野

3

日本妻絶史
平田弘史傑作集
平田弘史
手塚治虫
山川直人
口笛小曲集
ナルミさん愛してる
俺はまだ本気出してないだけ
ZERO
松本大洋
はなしっぱなし
五十嵐大介
魔女
SARU

2

4

赴くままに旅をするように
本をあてもなく選ぶのも楽しい

1. 中央の地球儀は触っても大丈夫。くるくると回しながら興味のある国や地域を見つけたら、周りの本棚から関連する本を探し出そう。**2-3.** 店に入ってすぐ右手の棚はコミックや小説など読みやすい本。そこから左回りに歴史、日本、アジア、ヨーロッパと並ぶ。『安曇野』など、地元・長野についての本も多い。**4-6.** 開店から7年。古本の世界は未経験だったので試行錯誤しながら店を続けてきたが「開店時に思い描いたものが実現できている」と宮島さん。長野市を、面白い店が点在しているような街にできないかと思ったことも開店の理由のひとつだ。

6

5

［info］長野県長野市東町207-1 KANEMATSU／長野電鉄長野線「善光寺下」駅から徒歩約7分
tel 026-217-5559／11:00〜19:00／月曜・火曜休み

恵文社一乗寺店

京都の名店に吹く新しい風

名店のDNAを受け継ぎながら新たな恵文社一乗寺店をつくる

京都のローカル線・叡山電鉄に揺られて一乗寺駅に降りる。近くに観光地も少ないこの場所には1975年からこの地の文化を支えてきた、言わずと知れた名店・恵文社一乗寺店がある。街の本屋としては広いこの店には、その分だけたくさんの本や雑貨、展示作品との出会いが溢れている。ひとつひとつの棚を見ていくと時間がいくらあっても足りない。誇張ではなく、本当にここでは時間があっという間に流れる。それだけ夢中になってしまう店なのだ。

店内は4つのスペースに分けられている。衣食住に関する本とそれにまつわる雑貨を販売する生活館、ギャラリーと文具を中心にしたアンフェール、毎週さまざまなイベントが行われるキッチン付きのCOTTAGE、そして、店の代名詞でもあった堀部篤史さんが2015年まで担当していた書店部門だ。それぞれのスペースが相互に影響し合いながら、恵文社一乗寺店はできあがっている。

このようにさまざまな顔を持ちながらも恵文社一乗寺店が書店であることを揺るぎないものにしているのは、絶妙な本のセレクトと、そうやって仕入れた本を、内容や著者名などを切り口に、有機的につなげて並べる棚があるからだ。そんな書店部門を堀部さんから受け継いだのは、弱冠26歳の鎌田裕樹さんだ。

恵文社に来る前まで、神戸の期間限定書店で店長を任されていた鎌田さん。神戸の店が閉店したときに、ちょうど恵文社一乗寺店で社員募集をしていたのを見つけた。自分の力を試したいと思い応募したところ、面接をした恵文社の社長が神戸時代の棚を見てくれていた。「若いし、青いし、本を売る気があるとは思えへんけど、誠実な棚やから、将来性込みで雇う」と言ってくれ、採用が決まった。「そうやって働きはじめて3年経ちましたが、この間、悔しい思いしかしていないんです。応援してくださる方や褒めてくださる方もいますが、まだまだであることは自分が一番わかっています。同業者の先輩方もよくしてくださるんですが、むしろ彼らを焦らせるくらいのことができるようになりたい。それがいまの目標ですね」

恵文社一乗寺店の一番の魅力である棚は、鎌田さんともう一人の社員が中心となって、ほかのスタッフにも相談してつくっているという。「うちには棚担当がないんです。シフトに入ったら、レジにも立てば棚もいじりますし、お花の水やりからトイレ掃除まで全員でやります。そのなかでそれぞれの強みを持ち寄って、棚をつくっています」。鎌田さんはそう謙虚に話すが、この3年間で納得できる棚づくりを、継続して行える環境が固まってきたという。「またおもろなってきたわ」と認めてくれる常連のお客さんも増えてきた。「店としてよいと思えることであればなんでもやっていきたいです。例えば、いまは多くの方との縁を広げていくことが僕の役割だと思っています。それが新たなイベントや企画につながって、お店にとってプラスになっていくと思うんです」

偉大な前任者の残したものを受け継ぎながらも、そこに自分なりのアレンジを加えて、鎌田さんはスタッフと共に恵文社一乗寺店をつくっていく。名店がこれからどうなっていくのか。恵文社一乗寺店にはいま新しい風が吹いている。

京都のはずれ
どこか懐かしくて
温かい空間で

1

2

棚を見ていると
夢中になって
あっという間に
時間が流れる

3

5

4

1. 京都の街全体で開催される「KYOTOGRAPHIE 京都国際写真祭」に合わせて写真集フェアも行う。街の動きと連動しているのだ。**2.** お客さんに合わせて、カラーブックスなど一部古本も扱う。**3.5-6.** 店を入って左側のエリアには、周辺地域を紹介する本が並ぶ。なかには台湾のイラストレーターFanyuが京都を描いた『手繪京都日和』も。オリジナル特典の一部対訳がなされた冊子とポストカード付き。**4.** イベントスペースCOTTAGEとギャラリーアンフェールへは、このドアを抜けて、いったん中庭に出てから辿り着く。**7.** 鎌田さんが強いジャンルは海外文学だという。

7

6

1.3-4. 鎌田さんはひとつの棚でアメリカ文学の歴史を暗に示すなど、こだわりを持って棚を作る。ほかのスタッフによるものでは、特に有名なのが幻想文学の棚だ。新刊書店でこれだけの品揃えはほかにないというほど人気の棚。**2.** 恵文社一乗寺店による小冊子「古本屋がえらぶ 気ままにオールタイムベストテン」と紹介された本のフェア。こういった小さなフェアが店の至る所にある **5.** トークイベントやワークショップ、出張カフェなどが行われるハレの場がCOTTAGE。**6.** レンガ調の壁と緑の扉、「けいぶん社」と書かれた看板が目印。

4

それぞれのスペースが
それぞれの顔を見せる

6

5

[info]京都府京都市左京区一乗寺払殿町10／叡山電鉄「一乗寺」駅から徒歩約3分
tel 075-711-5919／10：00〜21：00／年中無休（元日を除く）

LVDB BOOKS

大阪の下町に現れた新しい古本屋

古本屋ならこれまでつくりあげてきた文化を守ることができる

大阪の下町・南田辺駅を降りて住宅街を歩き、分け入るように路地裏に入っていく。こんな所に本当に本屋があるのかと不安になったころに現れるのが、LVDB BOOKSだ。引き戸をガラガラと開けると静謐な空気が漂う。左に顔を向けると壁一面の本棚、店の奥には中庭が広がる。店の半分はギャラリーとしても使用できるスペースで、本棚の数は抑えられ、空間を贅沢に使っている。

店主の上林翼さんは大学時代、アルバイトをしながら音楽サークルと図書館通いに明け暮れ、4年間留年し、卒業後は就職活動をするも失敗。好きなことしかできないと思い切ってLVDB BOOKSを開いた。そんな上林さんは少年時代からずっと本を読んできた。小説や思想など人文書に流れて、「あの作家の研究をしているこの人の本を読もう」と数珠つなぎのようにさまざまな本を渉猟してきた。さらに、カンボジアにレコードを探しに行く程の音楽好きでもある。「レコード屋をしたい気持ちもありましたが、本屋のほうがなぜか自信があったんですね。ずっと読んできたっていうこともあるし、まだ開拓されていない分野があるような気がしたんです」。古本を選んだのはカンボジアでの経験からだ。行ったはいいものの、目的のレコードは見つからなかった。その理由はポル・ポト政権によって文化と呼ばれるものがすべて抹殺されていたからだ。「日本にはいま本屋がたくさんありますが、文化なんて国が本気を出したらすぐに潰されることを実感しました。でも、古本屋ならこれまでの文化を守ることができると思ったんです」

LVDB BOOKSが主に扱うのは文学や哲学に加えて映画、音楽、写真、料理、絵本、デザインといったジャンルの本だ。5年後、10年後も読む価値のある本が並ぶ。たとえ店に訪れたときにほしいと思える本がなくても、この店なら次に来れば何かあるだろうと思わせる。そんな棚をつくり、値付けで店が大事にしている本を、お客さんにさりげなく伝える。昔ながらの古本屋のスタイルだ。ただ、そんなやり方をしながらも、いままで見向きもされなかった本を探し出し、新たな価値を提案している。

本好き・本屋好きじゃない人にも本を売っていきたいとも考えている上林さんは、そのためにも、固定概念にとらわれず本質を考え続ける。お店の使い方についても、自分がしたいことは何なのかと自問自答しながらつくっている。本を売る店として考えたらもっと本棚を並べて、冊数を多くしたいと思って当然だが、それはしない。路地裏のこの店で本棚と庭と展示と、すべてが渾然一体となった店を目指しているように見える。いままでにないような本屋をやりたいという上林さん。だからこそ「雑誌やネットの情報を見ただけで、分かった気にならないで店に来てほしい」と言う。「雑誌で見たときと実際に店に来たときに感じることは全く違うはずです。それぞれで感じ方も違うだろうし、何度か来てもらえれば本を勧めることもできます」

LVDB BOOKSは本好きが開いた本屋だ。聞いたこともない作家や本の名前がポンポンと出てきて、本の世界の奥深さを垣間見られる。それでいて目指すのは他にない本屋。昔ながらのやり方で、いままでにない価値を生み出す。その萌芽はすでに店内のあちこちにある。

古い家にある古本屋
でも、この場に流れる空気は
新しい

2

1

昔ながらのやり方で
いままでにない価値を生み出す

3

1-3. 以前の面影を残しながらも店へと生まれ変わった古民家。LVDB BOOKSに置かれた本と絶妙に合う空間だ。**4.**2018年4月に現在の店舗に移転した。旧店舗でも特徴的だった足場材で組まれた頑丈な本棚は、新店舗でも引き継がれた。

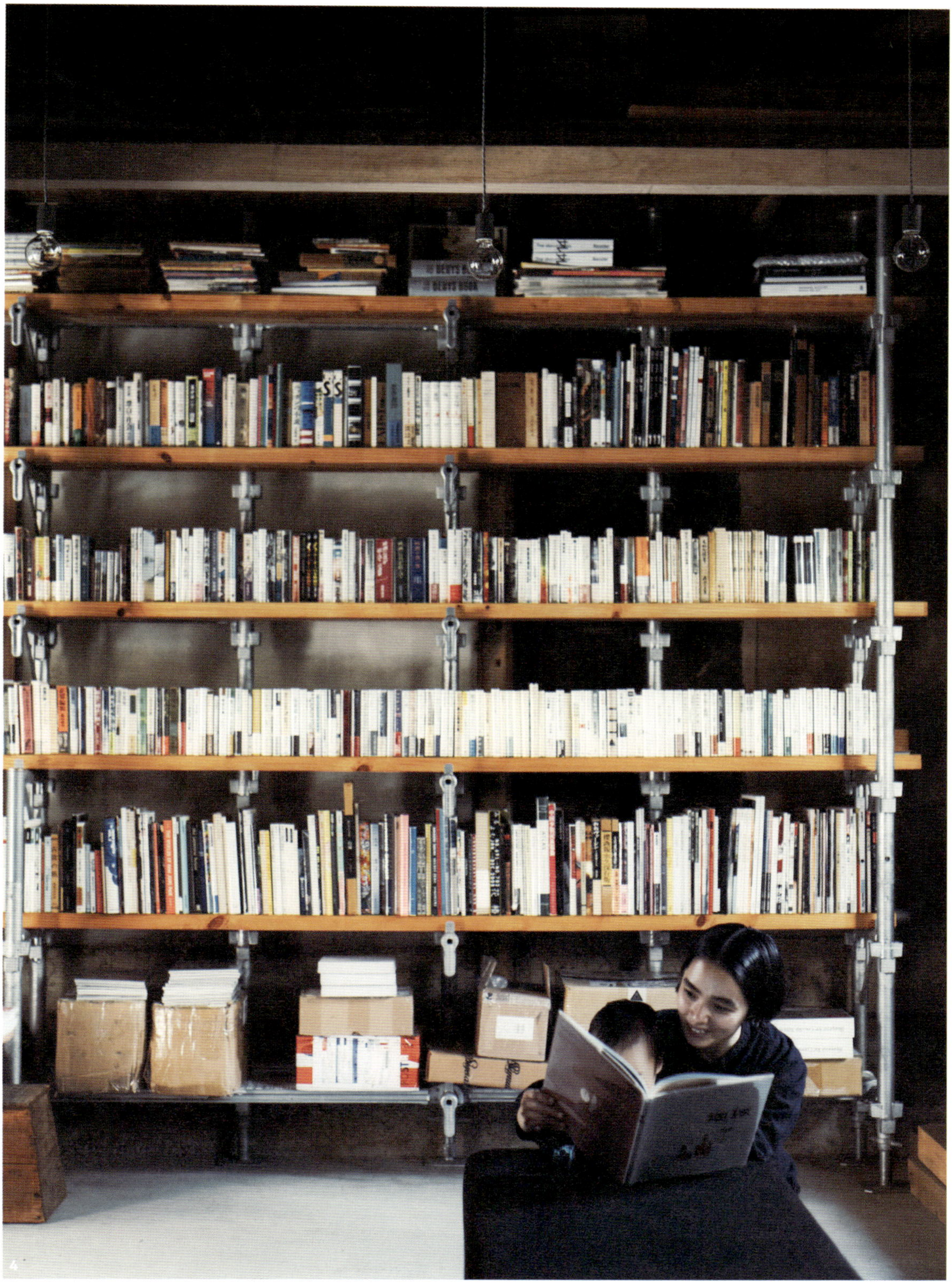

4

1

ほしいと思える
本がなくても
この店なら
次に来れば
あるだろうと
思わせてくれる

3

2

6

4

7

5

1-2,4-7. 台湾の写真雑誌『Voices of Photography 攝影之聲』など、他の店では見かけない洋書・洋雑誌も揃える。展示も日本ではまだ知られていないアーティストを紹介する。韓国の本屋「The Book Society」のトートバッグを扱うなど、海外のお客さんも視野に入れた活動も行う。**3.** 歴史があり、昔ながらの民家も多い田辺は「スタンドアサヒ」や「fudan」など、味のあるお店が点在している静かで住み良い地域。「この街の空気感が好きなんですよね」と上林さん。

[info] 大阪市東住吉区田辺3-9-11／JR阪和線「南田辺」駅または地下鉄谷町線「田辺」駅から徒歩約6分
12:00〜20:00／月〜水曜休み

1003

本からはじまる出会いの輪

古本に親しみのない人でも楽しめる
ニュートラルな古本屋

神戸の中心街・元町商店街の通りをはずれて少し歩くと、真っ白なビルが見つかる。瀟洒《しょうしゃ》なこのビルの2階にあるのが1003だ。店主の奥村千織さんが切り盛りするこの店は、やさしい光のなかに建具職人である奥村さんの夫が制作した本棚に本がゆったりと並べられている。本を大切に思う心がひしひしと伝わってくる古本屋だ。

奥村さんの前職は図書館司書。さまざまな図書館に派遣されて働いていたが、あるとき家族の都合で飛騨高山に移住することになった。1年ほど生活したのだが、そこでの出会いが人生を変えた。「ずっと図書館という組織のなかで働いていたのですが、飛騨高山では一人の人間として街と関わったり商売をしていたりしている方が多くいました。そういう方々と出会ったことで自分もひとりの人間として何かをしたくなったんです」。ちょうどそのタイミングで長野の小布施で一箱古本市と出会い、これなら自分でもやれそうだと思った奥村さん。そうして友人と話しているうちにいつの間にか、主催者の一人として、一箱古本市を開催することになった。「出店してみて、本を直接お客さんに手渡すことってすごく楽しいことだと感じたんです。高山での出会いから、年をとってもずっと続けていられるような仕事をしたいと思っていたのですが、一箱古本市での経験もあり、本に触れていられる仕事なら続けていけると思いました」。ちょうどそのタイミングで司書を退職することになり、店をはじめることになったという。

そんな奥村さんがはじめた1003は男女問わず入りやすい雰囲気の店だ。自身の選んだ本と奥村さんの夫が手掛けた内装とがバランスよく混ざり合っているからだろう。広く取られた窓からは陽の光が差し込む。高い天井、余裕をもって配置された本。コーヒーやビールを飲んで、寛ぎながら、ゆっくりと本を選ぶことができる。奥村さんは内装を考える際、本棚についてだけ夫に注文したという。お願いしたことは全部の棚を同じ高さに揃えず、大型の本も入れられるようにバリエーションをつくること。その結果、上下の棚と棚との間に余裕がうまれて、ゆったりとした空間になった。「古本屋としては冊数を入れたい気持ちもあったのですが、段数を増やして並べる本を増やすよりも、余裕を持って本を見せることで、お客さんが手に取りやすいようにしたかったんです。それに、私は古本屋として修業したわけでもありませんので大先輩の方々と同じことをしても敵わない。それなら、普段は古本に親しみのない方でも楽しめるようなお店にしようと思い、現在の形にしました」

本棚のなかには文学や酒・食の本を中心に、縁のある作家やアーティスト、出版社の本が並ぶ。選書の基準は、いつか自分が読みたい本だ。「壮大な積読本の集まりみたいなものですね。どこかの本棚で見かけてずっと気になっていた本が自然と集まってきた。そんな棚になっています」。店をはじめてからは、お客さんや展示作家との縁もあり、自分一人だけでは出会えなかったたくさんの本とも巡り合えたという。

1003を訪れたなら奥村さんに本のことを聞いてみると良い。次々と楽しそうに話してくれる奥村さんに誘われて、本からはじまる出会いの輪に自分も加わってみたくなる。

どこかで見かけて
ずっと気になっていた本が
自然と集まってきた

1

2

ひとつひとつの本に
出会いのストーリーが隠されている

3

（前ページ）店内では展示やフェアも行う。この時の展示はロック漫筆家・安田謙一さんの蔵書放出フェア。アンティークの扉をリメイクした机に出品本を並べた。

5

4

1.1003の入るビルは1階がレストラン、3階がコーヒースタンド。手作りの立て看板が目印。**2-5**.店をはじめてからお客さんや展示作家との縁で扱う本も増えてきたという。例えば、リトルプレスの『酒眉』は「酒器 今宵堂」が1003で展示販売をしたときの縁、雑誌『JAPANGRAPH』は西宮にあるウラン堂との縁から。他にも、神戸に所縁のある本も並ぶ。取り扱う新刊すべてに、出会いのストーリーがある。**6**.ビール好きの奥村さん。店で出すハートランドビールは味もさることながら、パッケージの可愛さから選んだ。

7

6

[info] 兵庫県神戸市中央区元町通3-3-2 IMAGAWA BLDG. 2F／JR・阪神電鉄「元町」駅から徒歩約3分
tel 050-3692-1329／12:00〜20:00／火曜・第2・4水曜休み

books+kotobanoie

本のあるところ

本はこの空間に来るための口実みたいなもの

大阪市内から約1時間、電車に揺られて一の鳥居駅で降り、山手に向かってしばらく歩くと見えてくる平屋の建物、books+kotobanoie（コトバノイエ）は、昼は車のディーラーとして働く加藤博久さんの家でもある「本のあるところ」だ。月2回だけ開くコトバノイエには、加藤さんの友人をはじめ、ご近所の人や遠方からも多くの人が来る。

なかに入ると、風を感じることができる開放された空間が広がり、はじめて訪れた人は驚くだろう。ここには本棚以外に壁がない。建築家の矢部達也さんによって建てられたこの家は、中心に本棚があり、その周囲にリビングやキッチン、寝室が配置されている。窓を開け放すとデッキテラスとリビングが地続きになり、本を媒介にした親密な時間が流れる。夜になってもその時間は途切れず、なかには閉店時間を過ぎてから訪れる客もいて、奥様が用意する美味しい食事を食べながら、人と本、それから人と人が出会い、話の花が咲く。

設計した矢部さんとは、本業のお客さんとして出会い、同じ本好きということで意気投合し、壁面本棚のある家を作ってもらうことになった。しかし、完成した家には、壁がなく、その代わりに本棚が壁のように並んでいた。「はじめは驚きましたが、ずらっと並んだ本棚を見ると隙間だらけで、まだまだ本を買えるぞって嬉しくなりました。そうやってこの家で暮らして毎日本棚を眺めていたら、本屋でもやろうかなと、ふと思っちゃったんです。理由は分からないけどこの家がそうさせたんだと思います」

２００７年にオープンしてから11年間、自宅を本屋として開放している。本屋としてはかなり特殊な部類だ。「本って口実みたいなものなんです。みんな、この空間を見物しに来たり、僕に会いに来たり。友人でも何の理由もないのに、ただ家に遊びに行くのってハードルが高いでしょ？　僕が本屋をやっていることで、それを口実にしていろんな人がここに来られるんです」

そう言いながらも、加藤さんの本への愛は深い。「他の本屋との違いは、ここにある本はすべて僕の好きな本だということ。本屋に行くと本に呼ばれることってないですか？　タイトルだったりデザインだったり自分にしか嗅ぎ取れない何かだったり。そうやって出会った、ものとして美しい本を並べています」。好きな本しか置かない。本屋として潔い感覚だ。だが、それだと手放すのが惜しくならないのだろうか。加藤さんの答えはまるで壁のないこの家のように開かれている。「売ったとしても、その本は買った人の本棚に移動するだけで、変わらずに存在しているんです。どこの誰か分からない人の元に行ったとしたら無いのと一緒ですが、この家に来てくれた人のところに行くのだったら、それは僕の本棚にあるのと一緒だと思うんです」

自宅を開放し、本業もしながら本屋を10年以上続ける。凄いことのように思えるが、加藤さんはどこまでも自然体だ。「本屋も本業も全部フラットでイーブン。同じ僕の生活のなかで起こっている出来事の１つなんです」

もし本屋というものが、特定の職業ではなく、本を傍らに生きていく生活そのものだとしたら、コトバノイエはまさにそれを体現している場だ。ここに来れば僅かな時間でも、その生活が体験できる。

すべての壁が本棚でできた
言葉の家には
心地よい風が流れる

4

3

1-2.4-5. 本の見た目や内容を考えながら、本の並びも毎晩試行錯誤しているという加藤さん。「本のスタイリスト」という肩書で他の空間の選書も請け負う。新刊既刊を問わず加藤さんの審美眼にかなった本は、確かにどれも美しい。**3.** 加藤さんと話したり、本棚を眺めたりしていると、どこからともなく猫店長のハルが挨拶をしにやってきてくれる。

5

2

「ただいま」と言って
帰りたくなる本屋

1-6. コトバノイエに来るという体験を、買い物をしに来るのではなく、郊外へのピクニックのように捉えてほしいと考える加藤さん。「いずれは寄付や入場料で成り立つ、無くなったら困る場所とお客さんから思われるような空間にしていきたい」と話す。そのためにも、もっと人が来たくなるようなコンテンツを考えているそう。

［info］兵庫県川西市東畦野山手1-16-18／能勢電鉄「一の鳥居」駅から徒歩約6分
11:00〜18:00／毎月2回営業（詳細はホームページ）

蟲文庫

倉敷の小さな生態系

古本と亀と苔と……
あらゆるものと共存する古本屋

かつては江戸幕府の直轄領地「天領」でもあり、いまなお、昔ながらの街並みが残されている倉敷の美観地区。観光地でもあるこの地域の外れに、ひっそりと佇む古本屋がある。田中美穂さんが営む蟲文庫だ。風情のある焦げ茶色の引き戸をガラガラと開けると、古本特有の香りが漂い、なぜだか子ども時代を思い出して、妙に懐かしい気持ちになる。まるでここだけ時間が止まっているかのようだ。

本棚の間には地球儀や多肉植物が置かれ、ガラスケースのなかには鉱石が並ぶ。植物や動物がテーマの本が多く、『苔とあるく』や『亀のひみつ』(ともにWAVE出版)といった田中さんの著書も置かれる。帳場の奥の机を見てみると、苔を観察するための顕微鏡があり、ときどき猫がやってくるという奥の庭には亀もいる。ここは動植物の研究室か何かだろうか。そう思って、店を見回すと、たくさんの本があることに気づいて、ようやく古本屋だと思い至る。

古本屋とは思えない雰囲気と観光地ということが相まって、蟲文庫には普段は書店や古本屋に行かないような人がふらりと立ち寄ることも少なくないようだ。「ここは本屋さんですか?」ときかれることも、あるときは「子どもを見ていてほしい」なんて言われたこともある。それでも、「久しぶりに本でも読もうかな」といった様子のお客さんが本を購入することも多く、「そこは、ここで店を開いていてよかったと思うところですね」と田中さんは言う。1994年に店を開き、2000年にこの築100年を超す町家に移転してきた。数々のメディアで紹介され、現在でこそ全国的に有名な蟲文庫だが、田中さんが古本屋をはじめた理由は「自分で店を開こうと思っていて、やれそうなのが古本屋だったから」という。自然体だからこそ、これだけ居心地のよい空間がつくれるのだろう。

蟲文庫のテーマは「意地で維持」だ。古書店や出版に関する経験もまったくないなかで、どこまでやれるのか、不安を持ちながらもはじめた田中さんだが、「もう、やめてしまいたい」と思ったことはないという。開店当初はアルバイトをしながら店を開き、その後、蟲文庫一本で生活できるようになってからも、苔柄のトートバッグやブックカバー、コケ観察キットなどのグッズをつくったり、展示やライブイベントを店内で開催したりと、店を維持するための努力や工夫を惜しみなく注いできた。それでいて気負いなく自分のやれることをやってきただけだという。そうして、ようやく最近は古本だけでやっていけるようになった。「ネット販売をしたらどうか」など、アドバイスをもらうこともあるが、自分自身の性分を考えると、このやり方で、行けるところまで行くしかないと考える。そんな田中さんの話を聞いていると、本屋というのは商売というだけではない、その人の人生そのものなのだと思わせられる。人生だからよっぽどのことがない限り辞めるわけにはいかないのだ。

蟲文庫は不思議な店だ。何とも形容しがたい。あえて表現すると、苔や亀のように地味で目立たないかもしれないが、よく眺めてみればそこに宇宙が広がっているような、そんな場所だ。「古本屋」という言葉だけでは足りない。本と苔と亀と、そして店主が織りなす、小さいながらも豊かな生態系がここにはある。

倉敷の街でひっそりと
時間が止まったように佇む

Second hand Books & others
蟲文庫
古本

3

2

引き戸を開けると
なんともいえない
懐かしさが
こみあげてくる

1.4. 店に入って右側は文学、左は社会学やアート、地域の本が多い。その他満遍なくさまざまなジャンルの本が並ぶ。なかには田中さん好みのCDも。**2-3.** 店内の隅にひっそりと置かれたサボテンなどの多肉植物。個性は強くない、けれども確実にそこにある。その佇まいが店の雰囲気と絶妙にマッチする。

1

2

ひっそりと
でも、豊かに広がる小宇宙

3

5

4

1. 田中さんは『亀のひみつ』も出すほどの大の亀好き。2. 裏庭は近所の猫がやってくることも。3. 以前の店舗から20年以上帳場に座り、店を続けてきた田中さん。本屋はもちろん、イベントや苔や亀をテーマにした文章を書き続け、店に居ながらにして、その宇宙は広がり続ける。4-6. 細部を見れば見るほど時間の進みを遅く感じるようになる。不思議な蟲文庫の時間。7. 粘菌の研究でも有名な生物学者・南方熊楠の全集が帳場の上に並ぶ。古本屋として、またコケの観察を続ける上で大きな影響を受けた。

7

6

［info］岡山県倉敷市本町11-20／JR山陰本線「倉敷」駅より徒歩約20分／tel 086-425-8693
11：00頃〜19：00頃／不定休（予定はホームページで表示）

451BOOKS

好きなものしか置かない

自ら考え、自ら建てた
手触りの感じられる場所

岡山市内から車で約30分。穏やかな児島湖沿いに、無骨な雰囲気が漂う独特な佇まいの本屋・451BOOKSがある。根木慶太郎さんが2005年にはじめた本屋だ。

倉庫のような外観に驚きながらなかに入ると、まず目に留まるのは螺旋階段。本屋ではなかなか見かけることのできない代物だ。階段に置かれた絵本や、壁に掛けられたアートワークなどを横目に、ワクワクしながら上階に上がっていくと、本が所狭しと並ぶ2階の空間が現れる。目を上に向けてみると、天井の高さに驚かされる。本がぎゅっと詰め込まれているのに開放感があるのはこの天井のおかげだろう。

「モノとして楽しい本」「世界が広がる入口になるような本」を並べているという品揃えはほとんどが絵本で、他に写真集やデザイン、リトルプレスなどの個人出版物、ノンフィクションやSF小説といったものもある。自分の好きな本しか置かないという、本好きの誰もが夢見るスタイルだ。

店主の根木さんは「活字が好きで、手元にあるものであれば、チラシでも説明書でも何でも読んでいました」と言うほど、活字中毒だった。本を買いすぎて、本棚から溢れて家を埋め尽くしそうになり、さすがにどうにかしないといけないと思っていた。そんなときに、北尾トロの『ぼくはオンライン古本屋のおやじさん』(風塵社)を読んだこともあり、インターネットで本を売ろうと思い立ったのだった。そうして、会社員とネットの古本屋の活動を並行する生活を3年ほど続けた。21年間勤めた地元企業では、住宅設計の仕事や学校の方針に合わせるなどの専門学校の講師をしていたが、会社や学校の方針に合わせることができず、辞めることにしたという。「そのときはネット古本屋も好調だったので、思い切って、自宅の一部を本屋に改造したのが451BOOKSなんです」。この素敵な建物が自宅ということだけでも驚きだが、根木さんが自ら設計したというとなおさらだ。

職人の手が見えるようなものを使って建てることにもこだわった。例えば、2階の天井にある格子はコンクリートに強度を持たせるときに使う鉄筋。普通はコンクリートのなかに埋め込むものなので塗装はしないが、職人にわざわざ塗ってもらっている。自らデザインした螺旋階段も、職人の技があってできあがったものだ。「表面上の美しさや効率優先とは違う、素材を感じる材料を使い、手間をかけて建てました」と根本さんは話す。451BOOKSには、根木さんの「好き」が詰まっているのだ。そんな場所を13年間も続けている。そこには、ここで自分の好きなものを売って、生活していくという揺るがない意志のようなものを感じる。

「大人のための絵本講座」や「知ることから始めよう」と名付けたイベントなども、知人のカフェで定期的に開催している。ハンナ・アーレントの『全体主義の起源』(みすず書房)が昨今あらためて注目されていることからも、人気投票だけで判断する大衆社会ではなく、みんなが自分で考えて、作っていく市民社会になる必要があると、実感しているという。「お店に来てもいいですし、イベントに来ていただいてもいいです。本を読み、知ることで、自分で考える楽しみを見つけてもらえれば。そのキッカケに451BOOKSがなれればいいなと思っています」

ドリトル先生のサーカス
ドリトル先生航海記
ドリトル先生アフリカゆき
飛ぶ教室
ふたりのロッテ
動物会議
五月三十五日
エーミールと探偵たち
大きなケストナーの本
I WANT MY HAT BACK
THE ANIMAL BOOK
発達障害の基礎知識
新幹線のたび

螺旋階段を
上がると
本が詰まった
空間が
待っている

2

1

無骨な空間だからこそ
本が際立つ

4

3

6

5

1. 螺旋階段を昇りながら2階まで続く本棚に手を伸ばす。思わず手に取りたくなるような表紙の絵本が並ぶ。2. 店名はレイ・ブラッドベリによる『華氏451度』から。3-4. 1階の壁は建築現場でも使用されるパネル。無骨な素材の上だからこそ、アート作品が映える。根木さんの自宅は、この壁の裏。5-7. 絵本が多いのは子どもも大人も楽しめる間口の広さと、作品が生まれた背景を知ればより深く楽しむことができるから。8. リトルプレスやSFなどテキストが多い本は、2階の奥に並ぶ。分け入るほど奥深い世界が広がる。一部棚を貸しているので、違った視点でセレクトされた本も楽しめる。

8

7

［info］岡山県玉野市八浜町見石1607-5／JR「岡山」駅から特急バスで約30分、「見石」で下車後、徒歩1分
tel 0863-51-2920／土曜・日曜・月曜・祝日の12:00〜18:00営業／平日は予約制

本と音楽

紙片

向き合うための場所

本屋は本をつくる人と買う人の仲介人のようなもの
どちらにも何かを渡したい

うなぎの寝床のような奥に細長い町家を改装してつくられたゲストハウス「あなごのねどこ」。通りから建物の奥深くまで続く細い廊下をまっすぐ進むと、そこだけ時間が切り取られたような幻想的な空間と出会う。「本と音楽　紙片」は店主の寺岡圭介さんがひとりでつくり上げた、本と音楽と向き合うための空間だ。

「当初は映画『風の谷のナウシカ』でナウシカが密かに腐海の植物を育てている小部屋をイメージしていました。いまは開店の頃とはずいぶん様子が違っていますが……」。こう聞くと、自分の世界感を持って、主観的につくり上げたかのように思えるが、寺岡さんはそんなことはないという。「紙片では本とCDを扱いながら、ときどき展示もしていますが、シンプルに、本がきれいに見えるように、音楽がきれいに聞こえるように、展示がよく見えるようにと思って空間をつくっています。たとえば、展示ごとに内装が変わるのは、預かった作品をどれだけよく見せることができるか。そのことに最善を尽くしているからです。実は以前、店のなかに窓があったのですが、ある展示のときに作品をかけるための壁が足りなくなったのでつぶしました。もし必要になれば戻せばいいだけですから」

そうやって相対する作品や人に真摯に向き合っているからだろう。アーティストもその思いに応える。詩人の池田彩乃さんによる詩集『詩片』は紙片1周年記念の展示に合わせてつくられたものだ。

棚に並べられているのはどれも新刊で、アート、デザイン、絵本、詩集が多い。新刊をメインにしているのは、本屋は本をつくる人と買う人の仲介人のようなもので、そのどちらにも何かを渡したいという考えから。そうやって一冊一冊選んで置かれた本はどれも素敵なものばかりだ。「本は自分で選んでいるという感覚はあんまりないんですよね。それよりも、紙片に来て下さるお客さんの顔を思い浮かべて、『あの人はこの本が好きじゃないかな』と考えながら選んでいます」

そんな紙片の原点は寺岡さんが幼いときに通っていた本屋とCD屋にある。「いわゆる街の本屋さん、街のCD屋さんで、小さい店なんですけど、ずっとそこで、ほしい本やCDを取り寄せてもらって買っていたんです。好きな本屋はたくさんありますが、もしかしたら一番影響を受けているのはそのときの本屋とCD屋なのかもしれません」

日々、お客さんやアーティスト一人ひとりと向き合いながら店づくりを続ける寺岡さんだが、「一冊の本みたいなお店になりたい」という。「これにはふたつの意味があって、ひとつは、本って読みはじめるまで何が書かれているかわからないじゃないですか。読んでみたら面白かったり、人によっては合わなかったり。でも、そこにはひとつの世界がある。そういう観念的な意味での本。もうひとつは表紙があって扉があって、さらに遊びがあって、そういったいろいろな要素がまとまった物質としての本。どちらも合わせて本だと思うんです。これまでも、これからもそういうお店であればと思っています」。紙片にはそんな寺岡さんの思いが溢れているように感じる。

本と音楽のための小部屋・紙片は、あわただしい旅の合間に、ふと訪れて呼吸を整えることができる、そんな場所だ。

一冊の本みたいな
お店になりたい
その思いを
これからも持ち続けて

あわただしい日々の合間に
ふと訪れて呼吸を整える

3

1

4

2

1-2. 店に入る前のアプローチはテントのなか、不思議な世界に迷い込んだかのよう。**3.** 店のロゴでもあるオブジェがそっと置かれる。開業時、木彫作家の神崎由梨さんにつくってもらった。**4.** 表の通りから、雰囲気のある細い廊下をしばらく歩くと、店に辿り着く。**5.** 本を読んでいるときに邪魔をしない、それでいて単体で聴いていても味わい深い音楽のCDを置く。オリジナルアルバム『紙片』を2017年9月に発売した。**6-7.**「仕入れられない本がたくさんある」と寺岡さんは言うけれど、一冊一冊選び抜かれた素敵な本ばかり。

［info］広島県尾道市土堂2-4-9あなごのねどこの庭の奥／JR「尾道」駅から徒歩約12分
11：00〜19：00／木曜休み

弐拾dB

深夜、本の音に耳をすませる

元医院の怪しげな雰囲気のなか
過去の声といまの声を集める

林芙美子『放浪記』や志賀直哉『暗夜行路』でも描かれた文学の街・尾道に、深夜にだけ開く古本屋があるという。その名は「弐拾dB《デシベル》」。JR尾道駅から少し歩いた先の路地にある小さな店だ。営業時間は夜中の23時から翌3時まで。深夜にだけ店を開ける理由は、お店の開店経緯にある。

店主の藤井基二さんは尾道の隣、福山市の生まれ。高校時代に好意を寄せていた女の子にふられたことがきっかけで文学に傾倒し、日本の近代文学を読み漁る。京都の大学に進学し、文学部で中原中也の研究をしたが、卒業後は故郷に戻り、たまたま募集していた尾道のゲストハウスで働くことになる。尾道との縁はここからはじまった。

あるとき、行きつけにしていた喫茶店のマスターに「藤井くんは何かお店しないの?」と聞かれた。唐突に思うかもしれないが、空き家を利用して若者たちがカフェやギャラリーを身軽に開く尾道では、よくある光景なのだ。藤井さんはこう答えた。

「するんだったら古本屋かなあ」

そこからはトントン拍子で話が進み、現在の店舗を借りることができたが、ゲストハウスの仕事を辞めるつもりはない。そうなると夕方から夜にかけての勤務時間以外で店を開けることになる。朝から昼にかけてか。深夜か。藤井さんは迷わず深夜にした。「24時間営業のところは別として、深夜3時まで開いている書店はなかなかありません。特に、個人商店で深夜まで開いている店はないでしょう。それを東京ではなく、尾道で実践する。それってとても面白いじゃないですか」

確かに、他に開いている店も少ない深夜。路地の奥に、営業中の古本屋を見つけたときの興奮は計り知れない。どんなお店だろう?　と思い、なかに入ると、元泌尿器科の医院を改装してできた妖しげな空間の、そこかしこに本が並ぶ。元診察室には、ソファーや椅子まであって、くつろぎながら本を選ぶことが出来る。並んでいるのは、文学からハウツー本まで、何でもあり。しかし、そのなかにタイトルを右から左に読むような年代物の古書が並んでいるから小粋だ。かと思えば、新刊も置いてある。「古本だけだと死んだ人間の声ばかりになりますから。今を生きている人の本も置かなければいけないですよね」。選書の基準はお客さんがほしいと思うものだ。そのなかに、本当は売りたい本を紛れ込ませている。

元赤線だという通りの向こうの飲み屋街からは、酔っ払ったお客さんがやって来て、ソファーで寝てしまうこともある。「起こすかどうかはその人を見て判断しますが、寝ている方が風景として面白いですよね。そういうときはブランケットをかけて寝かせてあげます。なかなか店内で寝られる店はないですよ」。藤井さんは楽しそうに話す。「静かなときもあれば、お客さんと話し込むときもあります。でも、嘘がつけないので口喧嘩になることもしばしばあって……」。落語好きだという藤井さんは軽妙な語り口でそう話す。きっと素直に意見を言われても悪い気はしないに違いない。

「本当は死ぬまで続けたいのですが、それだと漠然とし過ぎてしまうので、まずは10年続けようと思っています。店をはじめたのが23歳だったので33歳までですね」。誠実さと遊び心を併せ持つ藤井さんが営む深夜の本屋、弐拾dB。尾道で夜を過ごすなら行かない手はないだろう。

2

1

尾道の深夜
怪しげな光に
誘われて

3

1. 店名「弐拾dB」は木の葉が揺れる音など、普段は聞こえないけど、耳をすませば聞こえる音から。本の音や、声に耳を傾け、向き合いたいという藤井さんの思いが込められている。**2-3.** 深夜、商店街から店の灯りが見える。妖しさに惹かれて、なかに誘い込まれると「都会なんて夢ばかり」。ハッとするよう言葉で目が覚める。**4-5.**「本は空き家の片づけや不要なものを引き取っているうちに自然と集まってきた」と藤井さん。

4

5

BOOKMAN
NEWS PHOTOGRAPHS 96

耳をすませば
小さいけれど
確かな本の言葉が
聞こえてくる

1

元医院の面影を残した店で本とともに過ごすディープな時間

3

2

1. レジは診察の受付を利用。会計はかつて薬の量り売りに利用されていた天秤だ。「本＝言葉」と「お金」を秤にかける粋な計らい。オリジナルの薬袋ブックカバーに包んで本を渡す。**2.** 振り子時計やラジカセなど、歴史を感じさせるものがそこかしこにある。**3.** 今ではもう見かけなくなったマッチ箱。レトロなデザインが可愛い。**4.** 店先の時計は、店にいるかどうかといった藤井さんの状況を表す。**5.** 藤井さんが日本の近代文学に熱中したきっかけである太宰治の写真が飾られている。藤井さんはその後、中原中也の詩集を読み、彼が傾倒したダダイズムの詩やアヴァンギャルド芸術に傾倒していったという。

5

4

［info］広島県尾道市久保2-3-3／JR「尾道」駅から徒歩約17分
平日23：00〜27：00、週末11：00〜19：00／木曜休み

READAN DEAT

ここから文化を取り戻す

地元に文化的な場所が
減っていくことへの憤りが店の原点

「地元に文化的な場所を取り戻したい」そんな熱い思いではじまった本屋が「READAN DEAT」だ。広島県広島市、原爆ドームが窓から見える古いビルにあるこの店は、本とうつわの店だ。聞きなれない店名は「本＝READ」と「うつわ＝EAT」をANDで結んで、そこにひと捻り加えた造語。珍しい組み合わせだが、うつわを扱うことに決めたのは、「ひとえに好きだから」と店主の清政光博さんは言う。

清政さんが店を開こうと一念発起したのは30歳のときだ。東京のデザイン会社で働きつつも、自分の将来についてあらためて考えながら悶々と過ごしていた。そんなある日、学生時代に通っていた、リブロ広島店が閉店したことを知る。当時、広島には洋書やリトルプレスを扱うような文化的な本屋がなく、唯一、そういったものを取り扱っていたのがリブロ広島店だったという。

「閉店を知った時は悲しいという気持ちよりも、地元の文化的な場所が減っていくことへの憤りを感じました。それならば、自分でつくってやろうと思ったんです」。そう思った半年後に会社を辞めて、ちょうどオープニングスタッフを募っていた下北沢の有名店「B&B」でインターンとして働き、イベント運営や選書のノウハウを学び、人脈をつくった。同時期に駅中の書店で、スピードが要求されるシビアな現場の経験も積む。そして、会社を辞めてから2年後の2014年に満を持してREADAN DEATをオープンさせた。

「店をはじめてから4年ほど経ちましたが、企画のお声がけをいただくことも多く、さまざまな展示やイベントを開催してきました。その影響もあって、READAN DEATがあってよかったと言ってくれるお客さんも増えてきています。でも、まだまだなところもたくさんあります。お店の存在が届いていない人も多いですし、本当はうちのような文化的な場所が広島にもっと広がっていってほしいですね」

READAN DEATにはアーティストが個人で出版した作品集や、地方誌に加えて、写真集や洋書などが並ぶ。全体の冊数は多くないのに「こんな本があったのか」と発見の多い棚になっている。特にリトルプレスやZINEはお客さんや展示してくれたアーティストからの紹介で仕入れることも多い。この店には役に立つとか、流行しているといった切り口の本はない。もっと柔らかな、暮らしを豊かにするような本が置かれているのだ。

そして、店の一角には毎日使いたくなるような手仕事のうつわが並ぶ。好きで扱うことを決めたが、実は店をはじめるまでうつわについては素人だった。「当たって砕けろ」の精神で、開店当初は好きな作家に直接お願いの連絡をしていたという。断られることもあったが、店のコンセプトやイメージに興味を持ってくれた何人かの作家から協力を得てなんとかやってきた。そんな清政さんだが、いまやお客さんにすらすらとうつわの説明をしている。「うつわの釉薬や土、つくり方などの細かいことについては、作家さんに直接お聞きしています。まだまだ勉強中です」そう謙虚に話す。

次の目標はREADAN DEATとして本を出すこと。出版レーベルとして作家の作品集をつくりたいという。広島に文化の種を蒔き続けるREADAN DEATの動きは加速するばかりだ。

日々の暮らしを豊かに彩る
本とうつわが集まる

PAPER
Rambo

1

広島の本屋を語るうえではずせない文化の種を撒き続ける本屋

3

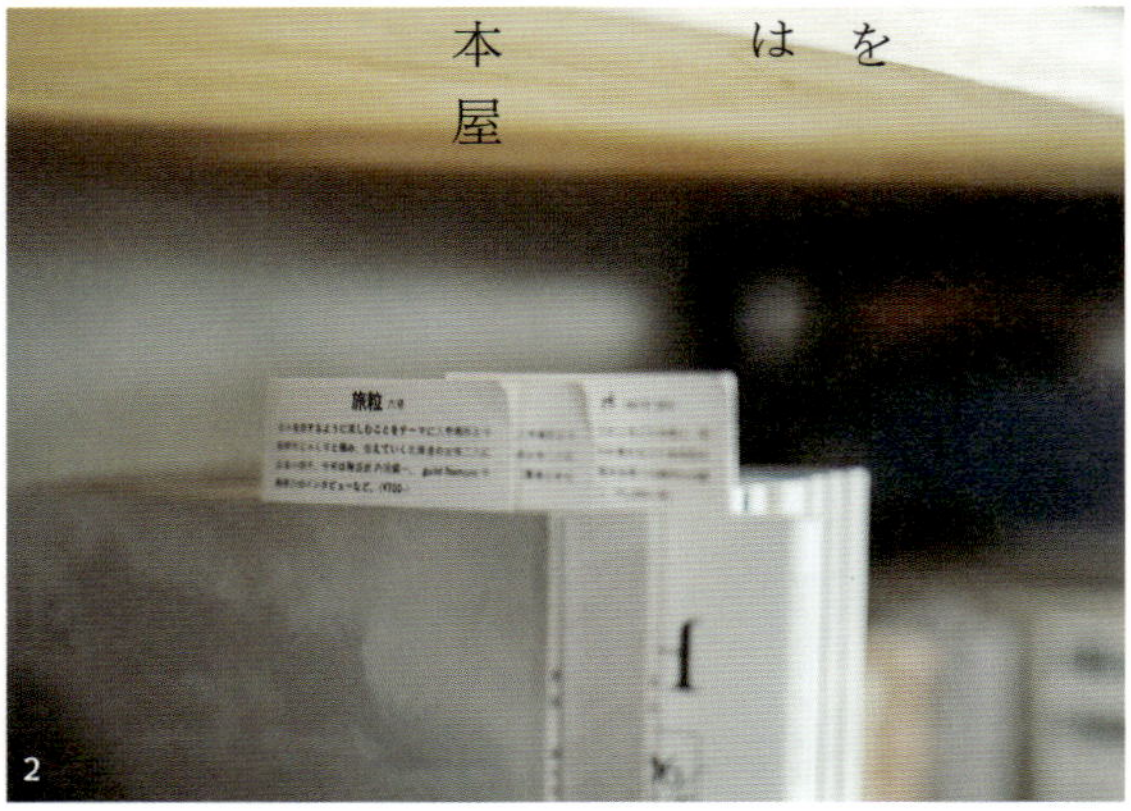

2

6

4

7

5

1. 店の奥、ガラスに囲まれたエリアはギャラリースペース。大きな窓からは光が燦々と差し込み、作品を輝かせる。**2-3.** さりげなく本の解説が天からそっと飛び出る。既存の本の枠には入り切らない個人出版物を扱う店ならではの心遣い。**4-5.7.** デザインやアート、文学、民藝、建築、ファッションといったジャンルの本が並ぶ。「写真集やアーティストの作品集など、つくりにもこだわったものとして魅力的な本を手に取れる場所でいたい」と清政さん。**6.** 文具やタオル、キャンドルなど暮らしにまつわる雑貨も扱う。写真のタオルはlittlebodcoのもの。

［info］広島県広島市中区本川町2-6-10和田ビル203／広島電鉄「本川町」電停から徒歩1分
tel 082-961-4545／11:00〜19:00／火曜休み

ブックスキューブリック

箱崎店

ローカルな個性を発信し続ける

大事なことを問いかける場
立ち止まって考える場に本屋はなれる

福岡県の中心地・博多駅から2駅、箱崎駅から歩いてすぐの場所にある本屋・ブックスキューブリック箱崎店。本屋は厳しいと言われ続けているなかで、セレクトブックショップとして17年間も続く、九州を代表する名店だ。

取り扱うのは漫画を除いて、ほぼオールジャンル。雑誌や実用書が並ぶ普段使いの店でありながら、文学や社会、思想といった本好きの求める本もしっかり置いてある。さらに小出版社の本やＺＩＮＥ、リトルプレスまである。これらほとんどの本を選んでいるのは、オーナーの大井実さんだ。

パン屋でもある同店に入ると、まず芳醇な小麦の香りが鼻腔に広がる。2階にある工房で毎朝手づくりしているのだ。全国広しといえども、パンをその場で焼いて販売している店は他にないだろう。2階にはカフェとギャラリーも併設し、焼きたてのパンとドリップコーヒーを本と一緒に楽しむことができる。際だってオシャレというわけではないが、選書も、パンも、カフェも、展示も、そのすべてが上質で筋が通っている。だからこそ、何度も出向きたくなる店なのだろう。

オーナーの大井さんはブックスキューブリック1号店でもあるけやき通り店を２００１年にオープンし、２００８年に箱崎店を立ち上げた。「本屋をはじめたのは、高校時代、学校生活に馴染めなかったときに救ってくれたのが本屋だったからです。独立を考えたとき、一番苦しいときに支えてくれた本屋をやろうと思うのは、自分にとって自然なことでした」

はじめるとしたらローカルな都市でその地に根差した場にしたいと思っていた。きっかけはイタリアへの滞在だ。「イタリアに1年間滞在していたことがあるのですが、そこではそれぞれの地域の人々が、自分がその地で生まれたことをアイデンティティにするような、ローカルな個性を感じました」。一方で、大井さんが開業した２００1年の日本では、街がシャッター街になるなど、地域コミュニティの空洞化が叫ばれるようになっていた。「縮小していく社会のなかで、本当は個性をもって豊かな生活を探求しなければいけないのに、誰もそのことに気づいていない。でも、そんな状況だからこそ、地域の文化的なコミュニティを支えるような場が今後必要とされるだろうと思いました」

そんな思いから大井さんは福岡に本屋としてその場をつくり出すことにしたという。カフェやパン工房をつくり、イベントや展示を行ってきたのも、人が集まり、文化が芽吹く場としてできることを大井さんなりにやってきた結果だ。「情報が溢れているいまだからこそ本屋にできることはあると思います。自分なりのフィルターを通して伝え、そしてこれからの私たちに何が必要なのかを考えていきたい。そういった大事なことを問いかける場、立ち止まって考える場に本屋はなれると思うんです」

自分のルーツとやりたいこと、それと同時にニーズを探る冷静な面を併せ持ち、大胆に行動していく。だからこそ17年間も本屋を続けられているのだろう。カフェもパン屋も、冷静と情熱のあいだを綱渡りで歩いていくようなそんな離れ業を楽しみながらやってのける。次は何をやってくれるのか。ブックスキューブリック箱崎店に停滞の二文字はない。

2

1

4

3

5

美味しいパンの香りに誘われて

1. 本屋なのにパンの焼き窯。全国的に有名なパン屋「パンストック」で働いていた職人がおいしいパンを焼く。**2.** 2階では焼き立てパンだけではなく、オリジナルブレンドのコーヒーのほか、ランチやデザートまで楽しめる。**3-5.** 展示の関連書や店主イチオシの本などのコーナーが面白い。螺旋階段の裏には絵本や児童書、平台の奥には雑貨、さらに奥には文芸や暮らし、映画・音楽、デザインなどカルチャーに関する本。社会学や思想の本もある。

BULBOUS PLANTS
バオバブのことば
GRAPHIC DESIGN THEORY
BonChic
AXIS
DECOR
住む。
FUJIMORI ARCHITECTURE
藤森照信の住居の原点
LIVES
PLUS1 Living
BRUTUS 居住空間学
FLAT HOUSE LIFE
日利きが選んだニッポンの逸品
Casa
模様替え
INTERIOR REMODELING
relife
HIETORI
幸せになりたければねこと暮らしなさい
猫のための家づくり

五号、ただいま到着
片隅
九州発！
九州限定！
アルテリ
2

文化が芽吹く場所として
本屋にできることはある

3

1

1. 表紙を見せたり、POPをつけたりすることで本の魅力がより伝わってくる棚。**2.** 熊本の橙書店が出版する文芸誌『アルテリ』や、福岡にある小出版社・書肆侃侃房の文学ムック『たべるのがおそい』など、九州にゆかりのある本も置く。**3.** 東京・西国分寺のクルミド出版の本『草原からの手紙』など、全国各地の少出版物も見逃さず並べる。**4-6.** 大井さんが本を選ぶ基準は「生活に役立つ実用書」「類書のない面白いもの」「ものとしての完成度が高いもの」など、多くあるが、総じて自分自身が持っていたいと思えるものかどうかという。

5

6

4

［info］福岡市東区箱崎1丁目5-14ベルニード箱崎／JR「箱崎駅」より徒歩２分
tel 092-645-0630／10：30〜20：00／祝日を除く月曜休み

MINOU
BOOKS & CAFE

街の文化的インフラとして

耳納連山の麓の街で愛される
街の本屋さんを目指して

明治時代から残る白壁の街並みが美しい福岡県うきは市。観光地でもあるこの地域に2015年、MINOU BOOKS & CAFEが誕生した。うきは市の中心部・筑後吉井の白壁通りから一本脇に入ると見つかるこのお店。なかに入ると、横長で、天井の高い伸び伸びとした空間が広がる。店主の石井勇さんがこの物件に決めた理由はこの広さだ。「店にはそのサイズ分の夢が詰まると思いますから」

店のテーマは「暮らしの本屋」だ。雑誌や小説、レシピ本に介護のハウツー本だってある。衣食住とそれにまつわる本が置かれているのだ。そのなかに、写真集などのアートブックも混ざっているのが面白い。「アートブックも置いているのは、それも生活の一部だと考えているからです。アートを知らなくても生きていけますが、それを知ることで人生が豊かになったり、ものの見え方が変わったりする。いま、私たちの暮らしのなかでアートに触れる機会は少ないですが、だからこそ、店にそういう本を置くことで、アートとの関わり方が変わるきっかけにしたいんです」

そう話す石井さんのルーツは、音楽にある。20代のほとんどを音楽活動に費やしてきた石井さん。音楽活動の全てを自分たちで行う、アメリカのインディーズバンドのあり方に憧れて活動をはじめた。カフェやギャラリーなど、ライブハウス以外の街中で音楽ができる環境をつくる活動もしていたという。そういった音楽活動の傍ら、東京や大阪にも店舗を持ち、当時、アートブックを多く扱っていたブックカフェでアルバイトをはじめた。ここで書籍担当になったのが本とのはじめての接点だった。扱っている本のほとんどが洋書やアーティストが個人で出版しているものばかりだったこともあり、通常の書店員や古本屋が考えるような制度や慣習に縛られずに、自由に本と接することができた。その後、退職してポートランドなど西海岸を旅したが、そのときに出会ったアメリカの本屋を見て、こんな本屋が地元にほしいと思ったそうだ。「一店一店の個性がありながらも、それぞれが街の文化の拠点になっているような場所ばかりでした。音楽活動を通してやりたかった街中に音楽が染み出すような環境とブックカフェで感じていた自由な本の世界のイメージ、その2つが結びついたものが目の前にあったんです。そこで、自分なりの街の本屋をやりたいと思いました」

帰国後はいったん福岡市の写真店で働き、地元であるうきは市でMINOU BOOKS & CAFEを開店する。「店を開けて3年目ですがようやく地域の方が来てくれるようになってきました。続けていて感じたのは、本屋はやっぱり文化的なインフラなんだということ。アマゾンで買える方は自由に買えばいいと思いますが、インターネットを使えない高齢者のお客さんはそうはいかない。そういうお客さんのために店頭にない本の注文も受けていますし、人口が3万人ほどなので、商売として難しいこともありますが、この街の文化的なインフラとして、長く続けていきたいです」

今後は古本も扱っていきたいという石井さん。新刊では手に入らないが、いまでも通用する暮らしに関する本を扱いたいという。5年後、10年後、うきは市がいまどう違っているのか。MINOU BOOKS & CAFEの挑戦は続く。

うきは市に根付きはじめた文化的インフラとしての本屋

The Right
eous
Mind
社会はなぜ左と右に
わかれるのか
リベラルは
なぜ勝てないのか?
MAPS

2

1

1. 絵本や児童書も揃える。別冊太陽の「かこさとし特集」など、お母さんのための本も。2. 雑誌『住む。』や『LIVES』など、暮らしを構成する大切な要素「家」に関する本も多い。3.『福岡穴場観光』といった福岡本も揃える。4-7. 元魚屋だった店舗の半分はカフェスペースで、手づくりのマフィンやケーキを味わえる。コーヒーは隣の久留米市にある焙煎所の豆を使用。酸味の効いたフルーティーな香りが特徴。6. 店名の由来にもなった耳納連山。オリジナルトートバッグも耳納連山を元にデザインされた。8. 小学生からのメッセージが貼られて、地元の子どもたちからも愛されている様子がよく分かる。

3

4

美味しいケーキと
コーヒーと本が
気持ちを
ワントーン上げてくれる

7

5

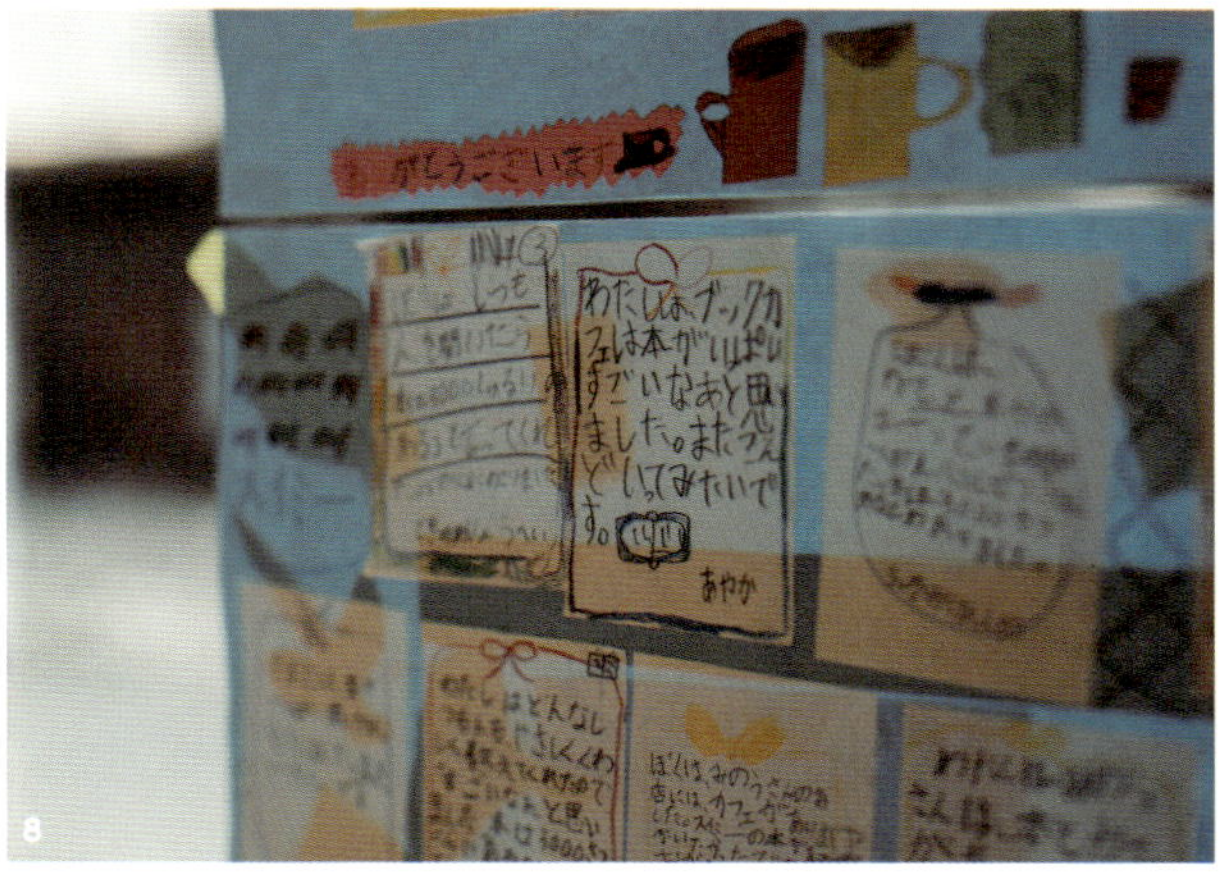

8

6

［info］福岡県うきは市吉井町1137／JR久大本線「筑後吉井」駅から徒歩約12分
tel 0943-76-9501／11：00〜19：00／火曜・第3水曜休み

カモシカ書店

大きな器としての本屋

文化の発信地として
大分から全国に誇れる本屋

日本一の「おんせん県・大分」といえば湯布院や別府を思い浮かべる人が多いかもしれない。だが、中心地の大分市にも見逃せない場所がある。JR大分駅のすぐそば、観光客や地元の人で賑わうアーケードにあるカモシカ書店がそれだ。店の1階は2階へ誘うためのアプローチだ。お手頃な価格の本が本棚に所せましと並ぶ。奥に進むと「2階から本気です」と書かれた貼り紙があり、膨らむ期待。階段を昇った先にある鉄製の無骨な扉を開けると、視界が広がる。高めの天井に赤い床、年代物の擦り硝子、古い映画館に迷い込んだような気分だ。

本棚には古本と新刊が区別なく並ぶ。古い岩波文庫が揃った棚の隣に、福岡を拠点にする出版社・書肆侃侃房《かんかんぼう》の新刊が並んでいたり、そこかしこに力の入ったPOPがあったりと、お気に入りの一冊を探したくなる絶妙な陳列だ。選書は中目黒の「カウブックス」をつくった松浦弥太郎氏を参考に、「正当で上質でベーシックなもの」を基準としているという。県内外の学生が来店することが多くなってきた一方、常連もたくさんいて、店主の岩尾晋作さんとの話に花を咲かす。

岩尾さんは東京で約13年を過ごしたあと大分に戻ってきた。本屋をはじめた理由はコンパクトで顔が見える仕事がしたかったから。学生時代からファッション、映画、本の3つが好きだった岩尾さんは、大学卒業後にファッションや映画の世界でも働いた。「どちらも楽しかったのですが、将来、『正当で上質でベーシックなもの』に関わる仕事をしたいと考えたときに、一冊一冊の本を、顔が見える関係で紹介していく本屋に可能性があると感じたんです」

その後、大型書店で修業してからカモシカ書店を開店した岩尾さん。大分に戻ったのは出身地だったからだ。10年以上東京に住んでいたが、「もしここで自分が東京で店を開いたとしたら、自分にとっての宿命のひとつを捨てたことになる」と思ったのだ。大分のことを調べてみると、魅力的な人がたくさんいることにも気づいた。「特に湯布院を全国で有数の観光地に押し上げた立役者の一人・中谷健太郎さんや、ミニシアターシネマ5の代表・田井肇さんはすごいです。大分に居ながらにして全国レベルの仕事をしている彼らを見て、異業種ではありますが、文化の発信地である本屋として、その背中を追うような仕事をしたい。そう思って大分で開くことに決めました」

そんなカモシカ書店の原点は、東京・西荻窪にある喫茶店・どんぐり舎だ。学生時代にアルバイトとして働いていた岩尾さんは、どんぐり舎の空気感がとても好きだったという。「漫画家や俳優など、たくさんの人が思い思いの時間を過ごしていました。お客さんがいない時は何をしていてもよかったので、勤務中に何冊も本を読破しました。どんぐり舎ではやって来る人も、働く人も皆自由だった。そういう多様な人々を許容する場所を大分にもつくりたかったんです」。この思いは岩尾さんの考える本屋の役割にもつながる。息苦しい社会を冷静に捉えなおすための余裕を持てる場所を、カモシカ書店は目指している。「本屋というものは、そういう批評的な態度がなければいけないと思っています」

多様性を受け入れられる大きな器としての本屋。カモシカ書店はそこに在るだけで、その街に行きたくなる、そういう本屋だ。

階段を昇ると
ディープな本の世界が
待っている

1

1-3. 独特な雰囲気の1階。年季の入ったものから新しめの本までさまざまなものがあり、掘り出し物を見つけたくなる。2階へ続く螺旋階段の周りにはミニシアターやカルチャー誌のポスターなどが貼られ、2階への期待が高まる。4. 店内中央には、軍艦のような大きな本棚。端から端まで本が乗る。

3

沈まぬ太陽

2

日本の色と街並
ASIAN ELEMENTS
アジアン・エレメンツ
ビゴー素描コレクション
明治の事件
ロボットのくに
SOS

4

2

1

いろいろな人を受け入れる
大きな器のような本屋

3

4

1. ゆめある舎の『Mの辞典』や夏葉社の『星を撒いた街』など、個性的な出版社の本も紹介する。2. カモシカ書店の原点である西荻窪の喫茶店、どんぐり舎のブレンドを提供する。どんぐり舎の店主は大分県出身だ。3.『ベルジャーエフ著作集』が並ぶなど、古書店としてもしっかりした品揃えだ。4. カフェでは手づくりチーズケーキやカレーが味わえる。本を読んだり、休憩したり、それぞれが自由に時間を過ごす。5-6. 古本屋であるにも関わらず、最新の雑誌や話題の新刊も揃うのがカモシカ書店の魅力。

6

5

[info] 大分県大分市中央町2-8-1 2F／JR「大分」駅から徒歩約8分
tel 097-574-7738／11:00～22:00／月曜休み

長崎次郎書店

創業140周年からの再スタート

街の本屋として
人と街の移ろいに寄り添う

古くは熊本城の城下町であり、その名残を残す古民家が数多くある熊本市新町。熊本地震以降、被災家屋の建て替えが続いており、風情ある街並みにも大きな変化が訪れている。そんな新町にあって、未だ歴史を感じさせる立派な建築物がある。熊本を代表する老舗書店・長崎次郎書店だ。

店の創業は1874年（明治7年）、長い時を紡いできたが、実は2013年に閉店の危機を迎えたことがある。それを救ったのは同じ熊本市にある長崎書店の経営者・長崎健一さんだ。「長崎書店は元々、長崎次郎書店の支店として開業しました。ですが、1955年（昭和30年）に会社組織を分割して以来、別の会社だったんです。長崎次郎書店はその後、教科書や政府刊行物を主に販売するようになったため、一般のお客様から縁遠い存在になりました。私が長崎書店を継いでからは、いつか関われたらと漠然と思っていましたが、現在のような関係性もなく、それもできなかった。あるとき、長崎次郎書店が休業することを店頭の張り紙で知ったんです。長崎書店の経営者として、ルーツである長崎次郎書店をなくしたくない。協力できることなら何でもしようと思いました」。そんな折、親戚でもあり、現在は2階の喫茶室のオーナーでもある長崎圭作さんから声をかけてもらった。そこからは、この建物をどうするかも含めて話し合い、1階は街の書店として2階は喫茶室として生まれ変わらせた。

2014年のリニューアル時に長崎さんの頭にあったのは「自分の家の近くにあったら嬉しい店」だ。「昔は近所に本屋があることが当たり前でしたけど、いまは違う。だからこそ、生活圏内によい本屋があることは嬉しいことだと思うんです」

熊本最古級の老舗書店に恥じないよう地域性や文化性を持った品揃えも意識する。それが店内の小部屋に並ぶ文芸や人文、サイエンス、アート、郷土本などのコーナーだ。「熊本における文化の受発信の拠点になる」をテーマに、選び抜かれた本が並ぶ。本をゆっくり選べるようにも気を使う。絵本や児童書のコーナーで子どもがはしゃいでも、文芸・人文のコーナーには声が届きにくい配置にしているのだ。こういった細かな心遣いが店中にいきわたっている。

街のことを訪ねると、言葉を選びながら長崎さんはこう話す。「近所のフレンチレストランなど、最近は古くからあるものを活かして若い方が新しい試みをはじめられていて、これから面白い街になっていく兆しを感じます。長崎次郎書店と喫茶室の存在がその呼び水になれば嬉しいです」

リニューアルして4年、一からのスタートとなったが、ようやく街に馴染んできたという。「小さい頃にはおじいちゃんおばあちゃんに手を引かれてやってきて、小学生になったらお小遣いをもらって自分で買うようになって、中学生になったらそれまでまったく気にならなかった本を手に取るようになるというような、人の時の移ろいが書店には詰まっていくのだと思います。まだ4年ですからそういう蓄積を積み重ねていくためにも、できるだけ長く続けられるように頑張っていきたいですね」。穏やかに話しつつも強い意志を奥に秘めている長崎さん。歴史を感じ、老舗書店としてのあるべき姿を常に考えながらも、「これから」の気持ちを大切にしている。長崎次郎書店には温故知新という言葉がよく似合う。

吉田戦車
珈琲豆
営業中

ここには
森鴎外や
小泉八雲も
訪れたという

お気に入りの本を
見つけたら
2階の喫茶室へ

1

3

2

6

4

7

5

1.3.2階の喫茶室。歴史を感じさせる空間である。窓ごしに見る市電の眺めは絶景。2.文芸・人文の品揃えについては一見の価値あり。絵本や児童書など、親子連れのための棚も充実。4.大正時代に建築家・保岡勝也が設計した建物は、現在では登録有形文化財に。5.オリジナルフェアを平台で行う。6-7.長崎次郎書店にはかの文豪・森鴎外や夏目漱石も足を運んだという。店内には坂口恭平の原画やヒグチユウコのサインなどが飾られ、いまでも多くの著名人に愛されていることが分かる。8-9.1階には「ご意見ノート」が置かれる。質問・要望から心温まるメッセージまで、お客さんからの声が書き込まれ、書店スタッフはその返事を書く。静かな交流が生まれている。

9

8

[info]熊本県熊本市中央区新町4-1-19／熊本市電「新町」駅からすぐ／tel 096-326-4410／10:30～19:00
元旦・藤崎宮秋季例大祭当日休み／（2階喫茶室／tel 096-354-7973／11:26～ラストオーダー17:26／水曜休み）

ひなた文庫

阿蘇の雄大な自然に囲まれて

本と触れ合える駅舎のなか
静かでゆったりとした時間が流れる

熊本県・阿蘇山の巨大カルデラのなかにある南阿蘇村。人口約1万2千人のこの村に全国に名を知られる本屋がある。南阿蘇水の生まれる里白水高原駅の駅舎が店舗のひなた文庫は、中尾友治さんと竹下恵美さんがはじめた古本屋だ。

広島の大学で出会った2人は、ある頃から本と触れ合える空間をつくりたいと考えるようになる。大学卒業後、竹下さんは本の仕事に就きたいという気持ちが強く、東京の出版社や広島にある書店で働いていた。一方、中尾さんは大学院の卒業を機に、故郷の南阿蘇村に帰るということで、竹下さんも一緒に移住することになった。そうして2人は中尾さんの家業の飲食店を継いだのだが、残念ながら本に関する仕事がここにはなかった。そこで、家業を続けながら本に関わる仕事ができないかと、2人は情報収集をはじめることにする。毎日営業するという普通の本屋のやり方ができない2人は、東京の小さくても個性的な本屋を見て回り、働きながらも、長く続けられるやり方を模索した。

そのなかで、大きな影響を受けたのがメトロ文庫だ。東京メトロ・根津駅改札内にある設置から27年経つ貸借自由の無人公共図書室である。こういうやり方で続けることができるなら、自分たちにもやりようはあるかもしれないと背中を押され、2人は自分たちが継いだ店の一角で本屋をはじめることにした。

やがて、店を続けていくうちに、きちんとした店舗を持てないかと考えるようになる。そんなとき出会ったのが、この駅舎だった。駅のある南阿蘇鉄道はトロッコが走る有名な鉄道で、駅舎をカフェや蕎麦屋にしていた。同じように空いている駅舎を使わせもらえることになったのだ。

八角形の駅舎に入ると静かでゆったりとした時間が流れている。阿蘇山を眺めながらいつまでもここにいたくなるような場所だ。南阿蘇が好きだと話す中尾さん。帰郷したのもこの村に住みたいと思ったからだ。しかし、どうせ住むなら面白い人が集まってくるような地域にしようと考えた。「本屋も図書館もないこの地域で『ここに来れば何かある』と思ってもらえるような文化的な場所をつくりたかったんです」

ひなた文庫のラインナップは「お土産にしたい本」だ。わざわざここまで来てくれる人の思い出になるような本を並べているのだという。決まったジャンルはないが、絵本や食、暮らしの本が多い。

２０１６年には熊本地震があり、南阿蘇村も深刻な被害を受けた。地震から一週間は家にも帰れず、だが、家業の飲食店は開店しないといけないという苦しい日々が続いた。それでも、ひなた文庫を辞めることなんて、考えもしなかったという。常連客に励まされながら、店舗を再開したのは地震から1か月以上経ってからだ。トロッコも止まり、お客さんも減ってしまったが店を続けていると、本の寄付を申し出る人や遠方から訪ねてくれる人も増えてきた。

「私はここの風景や季節の移ろいが好きなんです。毎週、この駅舎に来るたびに時間の感じ方が変わります。来るたびに感動するこの風景を見にぜひ来てほしいです」と竹下さんは興奮気味に話してくれた。阿蘇の雄大な景色に囲まれながら本をゆっくり読む。この幸福な時間は何物にも代えがたい。

南阿蘇水の生まれる
里白水高原駅。
日本一長い駅名の
駅舎には
日本一幸せな
本の空間がある

Octopus Books
ひなた文庫
GREAT WORLD ATLAS

3

1

4

2

5

本屋も図書館もない小さな村で
季節の移ろいを感じて

6

1-2. 九州を本の島にしようと活動する出版社・伽鹿舎の本が並ぶ。伽鹿舎による、ひなた文庫特製の『銀河鉄道の夜』オリジナル装丁本も。**3.** 中尾さん・竹下さんと大学で同期だった芸術家・手嶋勇気さんの作品を展示。**4.** 観光地でもある南阿蘇鉄道を楽しむための駅マップを配布。**5.** 店にある本は閉店の際に持ち帰るので、開店の度に本の品揃えが違う。店名の由来は、店のはじまりとなった家業の休憩場時代から。休憩所が屋外だったため雨の日は営業できず、晴れている日しかできなかったからだ。**6.** 大人には懐かしい絵本や児童書。ここに置かれると、どの本も輝きを放つ。

［info］熊本県阿蘇郡南阿蘇村大字中松／南阿蘇水の生まれる里白水高原駅（当駅のある区間の列車は現在運休中）
JR「大分」駅から車で1時間強／11:00～15:30／金曜・土曜の週2回の営業

和氣正幸

（BOOKSHOP LOVER）

本屋ライター。祖師ヶ谷大蔵にある本屋のアンテナショップBOOKSHOP TRAVELLERの店主でもある。2010年よりサラリーマンを続ける傍らインデペンデントな本屋をレポートするブログ「本と私の世界」を開設。現在は独立して、「本屋をもっと楽しむポータルサイトBOOKSHOP LOVER」の運営を中心に、〝本屋入門〟などのイベントも開催。そのほか東京新聞での連載「BOOKS」など各種媒体への寄稿、電子図書館メルマガの編集人など本屋と本に関する活動を多岐にわたり行う。2020年10月からNHK『趣味どきっ！（火曜）こんな一冊に出会いたい 本の道しるべ』に本屋案内人として全8回を通して出演。著書に『東京 わざわざ行きたい街の本屋さん』（G.B.）、共著で『全国 旅してでも行きたい街の本屋さん』『全国 大人になっても行きたいわたしの絵本めぐり』（ともにG.B.）がある。

日本の小さな本屋さん

2018年7月23日　初版第1刷発行
2023年9月6日　第4刷発行

著者――和氣正幸

発行者――澤井聖一

発行所――株式会社エクスナレッジ
〒106-0032
東京都港区六本木7-2-26
https://www.xknowledge.co.jp/

問合せ先
編集――tel 03-3403-1381
fax 03-3403-1345
info@xknowledge.co.jp

販売――tel 03-3403-1321
fax 03-3403-1829